AF501871

LE POLITIQUE DOM FERDINAND LE CATHOLIQUE.

TRADUIT DE L'ESPAGNOL

DE BALTAZAR GRACIEN

AVEC DES NOTES.

A PARIS,
Chez ROLLIN *fils*, Quay des Augustins, à Saint Athanase.

MDCCXXXII.

AVERTISSEMENT.

CEt Ouvrage n'est point divisé par Chapitres ; ni même par des passages fort marquez d'un Article à l'autre. Ainsi, de la Preface nous en avons fait un Extrait, où cette division est exposée d'une maniere sensible : Il importe de le lire, cet Extrait, pour comprendre ensuite sans peine, chaque partie selon sa diversité & son étenduë. Ce que nous disons, dès la premiere page, on l'éprouvera.

PREFACE.

LA Politique du Roy Dom Ferdinand le Catholique est un Ouvrage célébre, c'est le meilleur de cet Auteur, au sentiment des gens judicieux, dit un Ecrivain Espagnol: *Celebre la Politica del Rey Don Fernando el Catholico, que à votos de juizimozos es lo mejor deste Autor.* C'est peut-être sur ce texte, qu'un de nos Ecrivains critiques intitula l'un de ses Ouvrages : *La Politique de Ferdinand le Catholique*. Quoiqu'il en soit, Varillas & Gracien n'ont entre eux d'autre ressemblance que par cet endroit. *El Politico Don Fernando el Catholico*, est le titre de l'Auteur Espagnol, que l'on ne sçauroit changer, sans donner le change au Public sur le caractere de l'Ouvrage. En effet, Gracien annonce d'abord & son dessein, lequel est l'Eloge de Ferdinand, & la maniere dont il prétend l'exécuter. „ J'oppose un „ Roy à tous les Rois qui „ l'ont précédé ; je propose

„un Roy à tous les Rois
„qui viendront après lui:
„C'est Dom Ferdinand le
„Catholique, ce grand
„Maître en l'art de regner,
„le plus grand Oracle de
„la raison d'Etat. *Opongo un Rey à todos los passados: propongo un Rey à todos los venideros, &c.*

A cet ambitieux debut; que le Lecteur François ne se hâte pas de prendre feu contre le Panegyriste Castillan. Ce n'est point encore ici le lieu de dire, si le Heros est au-dessous, ou non, du Panegyrique: Il ne s'agit maintenant, que d'exposer avec netteté comment Gracien exécute son propre projet, & au même temps quelles instructions son Ouvrage renferme pour tous les Rois.

Voici les quatre articles sur lesquels roule l'Eloge de Ferdinand : Il fonda la plus auguste Monarchie ; il la soutint aprés l'avoir fondée ; il l'agrandit ; & enfin il la perfectionna de toute maniere. Dans chacun de ces articles, entrent les qualités nécessaires pour y réussir, un paralléle continuel de Ferdinand avec les grands Princes qui les ont euës ces qualitez, & un contraste également ſuivi avec les autres Princes à qui elles ont manqué. Ce plan demande bien des Réflexions politiques, il demande une connoiſſance très étenduë de l'hiſtoire, & ancienne & moderne. Voyons comment l'exécution répond au projet.

Premier Article. Après la propoſition générale ; ſçavoir, que Ferdinand fut vrai Fondateur de Monarchie, & que les hautes qualitez ſe rencontrerent toujours dans ces vrais Fondateurs ; Gracien revient, ainſi qu'il fait par tout ailleurs, à ſon objet principal. „ Dans Ferdinand,

„ dit-il, ſe réünirent tous „ les dons de la nature, tou- „ tes les faveurs de la for- „ tune, & tous les applau- „ diſſemens de la Renom- „ mée.* Sa naiſſance diſtin- guée, ſon éducation heu- reuſe, & l'uſage perſévé- rant de cette premiere édu- cation furent les ſources de l'hêroïſme univerſel qu'on lui attribue. „ Etre iſſu d'un „ ſang ou d'un autre, c'eſt „ ce qui ne contribue pas „ peu, ou qui nuit beau- „ coup à l'élevation d'un „ Prince. Philoſophie, à

* La ſingularité du merite comme héréditaire dans les Rois d'Aragon ne leur eſt conteſtée par aucun Hiſtorien.

„ nous inconnuë, ou plûtôt Ouvrage visible de la souveraine Providence, plus favorable aux uns qu'aux autres.... Il semble qu'on herite des bienfaits, ou des disgraces de la nature & de la fortune.... Les Valois en France furent toujours malheureux, & les Bourbons toujours des Héros, „ &c. Quant à l'éducation dont Ferdinand ne quitta point les premieres traces, elle fut toute politique & toute guerriere, &c. Faute d'une éducation convenable, ou de persévérance dans celle qui convenoit;

combien de Princes se sont perdus ? &c. Gracien appuye par des faits historiques l'importance de l'éducation propre des Rois.

Second Article. Ferdinand soutint sa grande Monarchie 1°; parce qu'il avoit une capacité & une valeur proportionnées à la grandeur de cette même Monarchie, &c.... Malheur extrême qu'un Roy ne puisse porter le poids de sa Couronne, manque d'habileté, ou manque de courage, ou manque de l'union de l'une avec l'autre.... Bonheur extrême qu'un Roy égale par son mérite ses Etats quelque étendus qu'ils soient, &c. 2°. Ferdinand regna dans l'accroissement de la Monarchie, ce qui n'est pas un médiocre avantage pour la soûtenir, déja établie. Mais cet accroissement, aussi bien que la fondation, avoient été l'ouvrage de Ferdinand même, avant son retour dans l'Aragon, à la mort d'Isabelle.

Il est temps de faire remarquer trois differentes situations de Ferdinand : sans quoi l'on accuseroit souvent le panegyriste d'être obscur, où il ne l'est que pour ceux qui ignorent l'hiſtoire de ſon héros, & celle des Princes auſquels il eſt comparé. Il faut d'abord conſiderer Ferdinand comme Roy d'Aragon, qu'Iſabelle de Caſtille contre le gré des Eſpagnols épouſa pour ſes rares qualitez, tout jeune qu'il étoit. Ferdinand remplit bientôt la haute eſtime que cette Princeſſe éclairée avoit conçûë de lui : non ſeulement il gagna par ſa dexterité tous les Seigneurs mécontens du choix d'Iſabelle; mais il commença à établir, & à étendre la domination Caſtillanne par ſes heureuſes entrepriſes : Prémiere ſituation. Iſabelle étant morte, les Eſpagnols ne voulurent point pour Regent du Royaume, un Prince tel que l'étoit Ferdinand ; qui fut contraint de ſe retirer en Aragon: Seconde ſituation durant laquelle, les Eſpagnols éprouverent que la gloire de la Nation étoit mal aſſurée entre les mains de Philippe d'Autriche leur nouveau Roy, qui avoit épouſé *Jeanne la folle*. Enfin Philippe n'ayant pas long-temps ſurvecu au départ de Ferdinand, & *Jeanne la folle* ayant été releguée dans le Portugal, les Espagnols solliciterent le Roy d'Aragon de revenir en Castille les Gouverner : démarche glorieuse aux Espagnols & à Ferdinand, lequel se rendit sans peine à leurs sollicitations. C'est à ces trois situations differentes qu'il faut diversement appliquer plusieurs endroits de Gracien, qui a supposé par honneur, que l'on se mettroit aisément au fait sur tout le regne de Ferdinand ; parce qu'il y étoit lui-même.

Revenons. Un moyen encore pour soutenir une Monarchie, dit Gracien, c'eſt que le Prince ſoit marié jeune : & il apporte à ce ſujet des raiſons très judicieuſes, appuyées d'exemples ; l'héroïſme des Romains ſubſiſta ainſi, plus long-temps dans leurs Rois que dans leurs Empereurs, &c. De-là Gracien paſſe aux cauſes de la decadence d'une Monarchie, & par contraſte aux cauſes de ſon élevation. Cet endroit eſt mêlé de principes de politique, peu obſervez par tant de Monarques, & mis en œuvre par le Roy Catholique : héros que ſon panegyriſte ne perd point de vûë, & auquel il ramene toujours les avantages partagez entre les autres grands hommes.

Troisiéme Article. Gracien qui jusqu'à présent n'a que nommé, pour le dire ainsi, les qualitez d'un grand Roy, en fait une exacte analyse, dans laquelle entrent en même temps les qualitez de l'homme, lesquelles sont nécessaires au Roy. Mais ce riche fond devient sterile sans l'application, telle que l'avoit Ferdinand: source de l'agrandissement continuel de sa Monarchie. „ Un Roy doit ignorer le loisir, & passer sans

„ cesse d'une occupation à
„ une autre toujours utile ;
„ & jamais à pure perte.

Le caractére de la politique de Ferdinand est ici peint au naturel : „ C'étoit
„ de faire toujours la guer-
„ re avec de la poudre sour-
„ de. Le Lecteur entend assez cela. „ Il n'eût jamais
„ son pareil pour connoître
„ l'occasion d'une entre-
„ prise, le temps propre à
„ une négociation, la sai-
„ son de chaque chose con-
„ venable à l'agrandisse-
„ ment de sa Puissance. Ce
„ caractére est suivi d'une
„ question célébre dans la
„ politique ; sçavoir, si le

„ Prince doit être en per-
„ sonne, ou bien par son
„ habileté communiquée
„ à ses Généraux, dans tou-
„ tes les actions militaires.
Les avantages & les inconveniens de l'une & de l'autre conduite sont exami-
nez par notre Auteur avec
beaucoup de sagesse. „ En-
„ tre les deux extremitez,
„ Ferdinand trouva un mi-
„ lieu: Il n'étoit ni comme
„ Adrien, toujours en mou-
„ vement, ni comme Ga-
„ lien, toujours en repos,
„ &c. Il ne fixa pas même
sa Cour dans aucune Ville
d'Espagne, ayant sur ce
point sa politique particu-

liere. Le Panegyriste montre d'une maniere indirecte, qu'il n'est pas tout-à-fait du sentiment de son héros, à cet égard. „ Cependant nous ne connoissons point de grande „ Monarchie, dit-il, qui „ n'ait pas eû sa Ville Capitale, comme le centre „ de l'autorité Souveraine. Les preuves naturelles de ce qu'il avance, sont les citations des Empires, & les descriptions courtes de leurs Capitales, que chaque Prince illustroit à l'envi, comme la montre & l'abregé de sa Puissance.

A ces objets en succédent de plus importans. Quelque haute idée que Gracien conçoive de Ferdinand, & qu'il essaye d'en inspirer ; il ne le dispense pas de tout secours subalterne. „ Un seul homme ne „ sçauroit remplir le vaste „ emploi de regner. Il lui faut des Ministres, il lui faut des Capitaines : & ces Substituts nécessaires, Ferdinand sçavoit parfaitement les choisir : La gloire ou la honte, le salut ou la perte d'un Royaume dépendent souvent de ce choix heureux, ou malheureux: notre Auteur produit des exemples fameux de de l'un & de l'autre ; & joint à ces exemples des principes solides de Gouvernement. Ce n'est pas assez : „ Un Roy peut écouter, mais avec précaution, le conseil d'une mere, d'une épouse, d'une sœur, qui l'aident à regner. Ferdinand se trouva bien d'avoir suivi les conseils d'Isabelle, &c.

Quatriéme & dernier Article. La Monarchie étant fondée, assurée, agrandie, Ferdinand songea désormais à la *perfectionner* en tout genre ; bien que d'ailleurs il aspirât toujours à la Monarchie Universelle. Quoiqu'il en soit, il perfectionna la sienne, par rapport à la religion, à la politique, aux sciences, &c. ,, Tout ce que les ,, Rois firent séparément ,, pour la Monarchie Ro- ,, maine, il le fit seul pour ,, celle d'Espagne.

Neanmoins il ne fut pas si occupé à la perfection de ses Etats, qu'il ne pensât à la sienne propre. Sans compter ses fréquens retours sur lui-même, dans lesquels il ne se dissimuloit rien, il ne se pardonnoit rien; à l'exemple des grands hommes, il usoit encore de certains stratagêmes pour connoître par l'organe & par le ministere d'autrui ses défauts, & pour travailler à s'en corriger, instruction de la dernière conséquence pour les Princes, aveugles ainsi que le vulgaire, sur la connoissance d'eux-mêmes, & communément moins attentifs à cette étude par la dissipation attachée à leur rang.

Un contraste & un parallele terminent le panegyrique de Ferdinand : l'un est un portrait en racourci des Princes dont la memoire sera éternellement en horreur pour leurs vices : l'autre est un portrait en racourci des Princes dont la mémoire sera éternellement en vénération pour leurs vertus : Dans le Roy Catholique, nul trait de ressemblance avec les premiers ; & tous les traits de ressemblance, tous les genres d'héroïsme avec les derniers.

La conclusion de l'Ouvrage est, un éloge de la Maison d'Autriche, ainsi qu'un Ecrivain François feroit celui de la Maison de Bourbon dans un Panegyrique de Loüis XV. notre Monarque.

Sur cette exposition, il

n'est personne, je crois, qui ne souscrive à la necessité indispensable pour nous de faire des *Notes*. Sans ce secours, le texte rempli de maximes trés concises, & de faits historiques, ou connus de peu de personnes, ou fort abregez, ne seroit point entendu en beaucoup d'endroits, peut-être même de plusieurs gens de Lettres. Donnons ici deux exemples seulement de ces faits, tels qu'ils sont exprimez dans Gracien.

LE TEXTE.

„ Romulus fonda la Re-
„ publique Romaine; mais
„ soit par un retour van-
„ geur de son *Fratricide*,
„ soit par une récompense
„ *frauduleuse* du Senat, le
„ temps de la perfection-
„ ner, lui manqua.

NOTE.

Romulus, dit la Fable, fut tué d'un coup de tonnerre : Telle fut la vengeance des Dieux pour son *Fratricide*. Romulus, dit l'histoire, fut assassiné par les Senateurs assemblez, qui répandirent le faux bruit que pour ses vertus héroïques, il avoit été tout-à-coup transporté parmi les Immortels: Telle fut la *récompense frauduleuse* qu'il reçut du Senat. Voilà l'un & l'autre sens de Gracien.

LE TEXTE.

„Au rang des Princes „*Justiciers*, Ferdinand y „est avec Artaxerxés, qui „fit recevoir à son Capi„taine des Gardes, le salai„re de la subornation, de „la seduction: *En el de los Justicieros*, *entre un Xerxés Longimano, dando à su Camarero, el precio del soborno.* La traduction de cette phrase Espagnole n'est pas aisée; il faut que l'expression Françoise conduise un Lecteur, même habile dans l'histoire à l'intelligence du fait particulier que Gracien rapporte d'une maniere assez obscure.

NOTE.

Artaban ayant tué Xerxés son Souverain, accusa de cet attentat, Darius frere de Longuemain, successeur de Xerxés, & apporta des preuves du fait, très séduisantes. Longuemain ou Artaxerxés donna dans le piége, & tua de sa propre main Darius, le prétendu meurtrier de son pere. Artaban fut ensuite reconnu pour Auteur de l'attentat commis en la personne de Xerxés, & conséquemment pour auteur aussi de la mort de l'innocent Darius. Longuemain au désespoir d'avoir été trompé d'une maniere si cruelle, résolut de vanger la mort de son pere, & celle de son frere dans le sang du barbare impoſteur. Pour cela il ordonna une revûë de ſes troupes, où Artaban ſon Capitaine des Gardes ne manqua pas de ſe trouver. Alors Artaxerxés faiſant ſemblant que ſa cuiraſſe trop peſante l'incommodoit, demanda à Artaban la ſienne, qu'il eût à peine ôtée, qu'Artaxerxés le tua.

Ce trait d'hiſtoire eſt emprunté de Juſtin, qui n'eſt pas aſſurément un Auteur peu connu, ni fort difficile à entendre; mais tout Lecteur ne l'eût pas apperçû ſans peine dans le laconiſme où Gracien le reſferce. Il en est de même à peu-près des autres Notes, que de celles-ci ; ou si elles ne sont pas absolument aussi nécessaires, elles ont du moins leur utilité, sans être toutes aussi longues. Cependant il est libre aux Lecteurs de laisser ces Notes uniquement utiles, & de ne s'attacher qu'à celles qui sont absolument nécessaires : nous n'avons pas traduit cet Ouvrage pour qu'on nous lût, mais pour qu'on lût, & qu'on entendît Gracien même. Au reste, si nous avons fait imprimer le Texte Espagnol, après notre Traduction & nos Notes, nous avons eû pour cela nos raisons.

LE POLITIQUE DOM FERDINAND LE CATHOLIQUE.

TRADUIT DE L'ESPAGNOL DE BALTASAR GRACIEN.

'OPPOSE un Roy à tous les Rois qui l'ont précédé, & je le propose à tous les Rois qui viendront après lui. C'est DOM FERDINAND LE CATHOLIQUE, (1) ce grand

(1) Ferdinand, dit Varillas, surpassa tous les Princes de son siécle en la science du Cabinet ; & c'est à lui qu'on doit attribuer le premier & le souverain usage de la politique moderne.

car ſi tout Roy pour être le premier des hommes, doit être le plus parfait des hommes ; pour être le premier des Rois, il doit être le plus parfait, le plus grand des Rois.

Les faits de tous les Fondateurs ont été communément ſi prodigieux, que l'on en a jugé les récits plus propres du Poëme, que de l'Hiſtoire : leurs Sujets les ont crus quelque choſe de plus que des hommes, juſqu'à les ériger en Dieux ; les étrangers donnant dans une autre extrémité, les ont regardez comme des Héros fabuleux.

Xenophon (5) conſacra ſa plume élegante au glorieux Re-

(5) Auteur Grec auſſi connu des gens de Lettres par la beauté de ſon génie, & par les charmes de ſon langage que Cyrus l'eſt de tout le monde par l'éclat de ſon regne, & par les Romans de nos Ecrivains François.

gne de Cyrus, Chef de l'Empire des Perses; & il prit si haut son vol, qu'il perdit toute créance: la posterité a crû qu'il avoit écrit, non point ce que Cyrus étoit, mais ce qu'il faut pour être un Monarque parfait.

Le Fondateur d'un Empire est comme le fils de son propre mérite: ses Successeurs ne font que participer à sa gloire: celui-là sçût se créer Roy dont la Couronne de diamans fut celle de ses mérites: les autres (6) naissent Rois, ou sont faits Rois.

Romulus fut un prodige d'habileté & de valeur, pour fonder la Monarchie Romaine, si étenduë, & par la multitude de ses conquêtes, & par le nombre des siécles qu'elle compte: dans son nom qu'elle retient encore

(6) Rois par voye de succession, & Rois par voye d'élection.

aujourd'hui, Romulus laissa aux siens comme les semences de sa capacité & de sa bravoure, pour s'emparer de la meilleure partie de l'Univers : l'Empire Romain fit des progrès d'autant plus considérables, que les commencemens en avoient été plus petits.

Mais entre ces qualitez héroiques, les principales sont bien plus des faveurs que le Ciel juge à propos de départir, que les fruits de l'industrie & des soins de l'homme. Ainsi Constantin & Charlemagne tous deux égaux, & comme jumeaux en héroïsme, furent destinez, par un choix celeste & suprême, à fonder les deux Empires Chrétiens, l'un en Orient, & l'autre en Occident.

Que tous les (7) siécles célé-

(7) La Fable dit que Geryon, monstre de la nature, avoit trois têtes, six bras,

brent l'aſſemblage des grandes qualitez réünies dans le vrai Geryon de l'Eſpagne : dans les trois Fondateurs de leurs trois Royaumes Catholiques, Dom Garcias Ximenés de Sobrarbe, Dom Pelage des Aſturies, Dom Alonſe Enrique de Portugal. Ces Provinces (8) par une noble émulation, s'étendant chacune

ſix jambes, avec un ſeul corps; & qu'Hercule purgea la terre de ce monſtre :

Maximus ultor
Tergemini nece Geryonis, ſpoliiſque ſuperbus
Alcides aderat, &c.
Virg. Æneid. 8.

L'hiſtoire dit que Geryon, c'étoit l'union de trois braves freres, ſi intime & ſi parfait, qu'ils ſembloient n'avoir qu'un ſeul cœur, & qu'une ſeule ame; de façon qu'être l'ami ou l'ennemi de l'un, c'étoit l'être des trois enſemble, à qui tout étoit poſſible : *Vis unita fit fortior.*

(8) Le changement de ces trois Provinces en trois Royaumes demanderoit un détail & long & peu intereſſant : il ſuffit de ſçavoir que ce fut aux dépens des Maures toujours vaincus par les trois Princes Chrétiens que ceux-ci devinrent de vrais fondateurs de ces mêmes Royaumes.

de leur côté en differentes parties du monde, devinrent enfin des Royaumes.

Une Couronne s'acquiert par la valeur, & s'affermit par la prudence. Alexandre, j'ose user ici de cette expression, exceda en valeur pour faire des conquêtes, & manqua de sagacité pour les affermir : A moins (9) qu'il n'ait eû une crainte jalouse que quelqu'un de ses Successeurs ne l'égalât, ou que son orgüeil ne lui ait persuadé que

(9) Gracien n'est ni le premier ni le seul qui ait soupçonné de pareils motifs dans Alexandre : pour moi j'ose presque les traiter de chimeres : fondé sur le naturel bouillant & ambitieux de ce foudre de guerre, je croirois volontiers qu'après ses premiers succés rapides, il n'alloit plus de conquête en conquête que par une habitude qui s'étoit tournée en necessité pour lui. Quoiqu'il en soit, Alexandre affermit si bien ses conquêtes, qu'il les conserva jusqu'à la mort, & qu'il en disposa pourlors comme il voulut en faveur de ses amis.

nul autre que lui n'étoit capable de conserver ses conquêtes.

Tamerlan (10) remplit plus de terreur l'Orient que de sa domination : Comete barbare qui disparut avec la même facilité qu'elle s'étoit formée. Gustave Adolphe de Suede en nos jours commençoit de la sorte.

Je n'appelle point Fondateur d'une Monarchie celui qui y a donné quelque commencement très imparfait, mais celui qui y a donné la forme.

Le puissant Empire des Turcs doit beaucoup au valeureux Ottoman (11) pour l'avoir com-

(10) Tamerlan Prince cruel ne survêcut gueres plus de deux ans à sa grande puissance. Gustave de Suede périt de deux coups de pistolet, presque à la naissance de son héroïsme.

(11) Ottoman se signala par de grandes victoires sur les Grecs ; & fut le premier *Prince des Turcs* revêtu du titre de Sultan. Mahomet II. *le Grand* est assez dé-

mencé ; mais il doit beaucoup plus au Conquerant Mahomet qui l'établit dans Constantinople, & qui le laissa aussi célébre qu'étendu.

Le brave Pharamond jetta les fondemens de la Monarchie Françoise : Clovis la mit en regle, ayant été oint de l'huile céleste ; & par ses vertus très chrétiennes, plus que par tout l'éclat des lys, il rendit sa Couronne illustre à jamais.

Il y a certainement encore une grande difference entre fonder un Royaume particulier & comme *Homogéne* (12) au dedans d'une Province ; & com-

signé par ce qu'en dit ici Gracien.

(12) *Homogéne* est un terme de Philosophie pour signifier un corps composé de parties de semblable nature, de même genre, de même espece : *Heterogéne* signifie le contraire. L'occasion seroit belle de citer ici du grec, si l'on nous sçavoit gré, comme à d'autres, de l'entendre.

poser de diverses Provinces, de Nations diverses, un seul Corps d'Empire. Dans le premier Etat l'uniformité de loix, la ressemblance de mœurs, une langue unique, un seul climat, tout cela l'unit ensemble à lui-même, & le sépare des étrangers.

Les mers, les montagnes, les fleuves, servent à la France comme de limites naturelles, & de murailles pour sa propre conservation. Mais dans (13) la Monarchie d'Espagne, où il y a bien des Provinces, des Nations differentes, des Langues

(13) Ce contraste de l'Espagne avec la France n'étoit pas exact du temps même de Gracien, & l'est encore moins depuis les conquêtes de Louis XIV. En France aussi-bien qu'en Espagne n'y a-t'il pas des Provinces, des Nations, des Langues differentes ? N'y a-t'il pas des mœurs opposez, des climats contraires, &c. Tout Lecteur François peut aisément commenter cette Note : & parmi la diversité des Langues on ne doit pas oublier le Bas Breton,

diverſes, des mœurs oppoſées, des climats contraires, comme il faut beaucoup d'habileté pour la conſerver, il en faut beaucoup auſſi pour la réünir.

Il n'y a pas non plus pour une maniere ſeule de fonder les Empires ; l'eſprit humain en a trouvé pluſieurs, & qui ſont ſpéciales. Ainſi Ceſar changea l'Ariſtocratie en Monarchie ; & le nombre de ſes grandes qualitez fut égal à celui de ſes Couronnes : Les Romains conquirent la plus grande & la meilleure partie de l'Univers ; & il ſe ſoumit les Romains : Il fit autant de Rois ſes Vaſſaux que Rome comptoit de Sénateurs & de Capitaines qu'il vainquit.

Le Grand Conſtantin donna lieu à la Puiſſance temporelle des Papes ; & il tranſporta dans l'Orient ſon Empire, faiſant ainſi de ſes armes victorieuſes, un fort rempart à l'Egliſe. Il facilita la ſoumiſſion du monde entier au joug de la Sainte Foy; & cette conquête devenoit complette ſi ſes Succeſſeurs (14) en avoient ſuivi la trace, & avoient ſçû profiter de l'occaſion.

Iſmaël Sophi (15) fut double-

(14) Il eût fallu au Grand Conſtantin pour Succeſſeur immédiat un Theodoſe le Grand, au lieu de ſes trois fils Conſtantin, Conſtance & Conſtant, auſquels il partagea ſon Empire. Rarement des freres sa'ccordent pour la même fin; & plus rarement encore ſi ce ſont des Souverains. Qu'il y a peu de Geryons!

(15) Il n'eſt peutêtre pas hors de propos de dire une fois en paſſant que les noms de *Sophi* pour la Perſe, de *Cham* pour la Tartarie, de *Cherif* pour l'Afrique, d'*Inca* pour le Perou, &c. marquent la qualité d'Empereur, de Roy, de Souverain. Ajoutons maintenant au récit de notre texte; qu'Iſmaël I. Sophi ſollicita ſouvent les Princes Chrétiens de joindre leurs forces aux ſiennes contre la puiſſance Ottomane fort affoiblie, & que

ment Héros : il le fut, & par sa valeur & par sa sagacité ; vû qu'il établit son Empire de Perse, non point sur les ruines, mais sur les plus florissantes Provinces de l'Empire Ottoman. Il arrêta le cours de la prosperité Ottomane dans son plus grand accroissement ; & par une providence du Ciel favorable au Christianisme, il sçut reprimer à propos l'orgüeil du Turc.

La dexterité (16) a sa façon propre de fonder des Etats ; & c'est de se prévaloir toujours de l'occasion. Lorsque par une jalousie imprudente, les Princes Chrétiens se furent tous épuisez de forces & d'argent, & que leurs armées furent presque ruinées ; les Turcs rafraîchis parurent, &

ses sollicitations ne produisirent rien. Une occasion si belle ne reviendra pas si tôt.

(16) V. l'Histoire des Croisades par Maimbourg.

s'emparerent

s'emparerent de tout sans résistance. Les Histoires sont plus remplies de ces événemens que d'exemples de Princes qui en soient devenus plus sages.

La gloire passée de l'Afrique se vit renouveller dans son Cherif (17) ; Héros barbare, mais sage ; *Ambidextre* qui sçut user alternativement de politique & de valeur.

Cingis émulateur (18) d'Alexandre dont il envioit la Re-

(17) On ne peut assez admirer le courage & la magnanimité de ce Roy barbare, dit l'Auteur des Révolutions de Portugal : il compassa tellement ses derniers ordres & ses desseins avec les derniers momens de sa vie, si qu'il empêcha que la mort même ne lui ravit la victoire.... Ce Prince prêt d'expirer mit son doigt sur sa bouche, comme pour recommander le secret de sa mort à ses Généraux, lesquels aprés cela taillerent en pieces toute l'Armée Portugaise.

(18) Cingis-Cham vivoit du temps de Saint Louis, & fut le plus fameux des Tartares.

nommée, entreprit la Conquête de tout l'Orient, depuis les murs de la Chine jusqu'aux Forêts de la Moscovie, laissant à ses Successeurs, plûtôt en engagement qu'en héritage, le surnom de Grand Cham de la Tartarie.

Tous ces Héros furent des Chefs de Monarchie; & la grandeur du courage en chacun d'eux, répondit à la grandeur de leur Empire : Peu de leurs Successeurs les ont égalez ; & s'ils les ont surpassez par l'étenduë de la domination, ils ne les ont point surpassez par l'étenduë du mérite.

L'Astre qui brille entre tous avec plus d'éclat, c'est Ferdinand le Catholique, en qui la Nature réünit (19) ses dons, la

(19) Il est difficile de faire en moins de paroles un éloge plus complet : *El Catho-*

Fortune ſes faveurs, & la Renommée ſes applaudiſſemens.

Le Ciel retraça dans lui les grands caracteres de tous les Monarques Fondateurs, pour compoſer un Empire de tout ce qu'il y eut de plus extraordinaire dans les Monarchies. Ferdinand, de pluſieurs Couronnes n'en fit qu'une, & un Monde ne ſuffiſant pas à ſon Héroïſme, ſon bonheur & ſon habileté lui en découvrirent (20) un nouveau: Il ſe propoſa d'orner ſon front des pierreries de l'Orient, ainſi que des perles de l'Occi-

lico Fernando, en quien depoſitaron la naturaleza prendas, la fortuna favores y la fama aplauſos.

(20) Ce fut Ferdinand qui hazarda, après bien des réfléxions, un Armement de trois Vaiſſeaux pour Chriſtophle Colomb, lequel fit effectivement, comme il l'avoit promis, la découverte de l'Amérique. Quant au deſſein d'une ligue contre le Turc, elle n'eut point d'effet.

dent : cette vaste entreprise, il ne l'exécuta pas de son vivant, il est vrai; mais il en apprit le plan à ses Successeurs par la voye des alliances : car, où la Fortune n'a pas lieu, il faut que l'industrie y supplée.

Ferdinand étoit du sang des Rois d'Arragon : Mere toujours féconde en Héros. Etre issu d'un sang ou d'un autre, c'est ce qui ne contribuë pas peu ; ou qui nuit beaucoup pour se rendre célébre. Philosophie à nous inconnuë, ou plûtôt Ouvrage visible de la souveraine Providence, plus favorable à ceux-ci qu'à ceux-là. Il semble que l'on hérite des qualitez morales aussi-bien que des qualitez naturelles ; que l'on hérite des bienfaits comme des disgraces de la nature & de la fortune.

Combien de grandes Maiſons où le bonheur eſt héréditaire ; & combien d'autres où le malheur l'eſt ! La Maiſon d'Autriche fut toujours très heureuſe , & prévalut toujours contre toutes les ligues de ſes rivaux. Au contraire , la Maiſon de Valois en France fut toujours malheureuſe ; & l'adverſité n'y reſpecta pas les Princeſſes mêmes qui ſemblent privilegiées à cet égard.

D'autres Races illuſtres ſont naturellement , & par inclination , très belliqueuſes. La Maiſon de Bourbon eſt de ce caractere martial ; c'eſt un Séminaire , pour le dire ainſi , de Guerriers pleins de valeur ; ſon ſang mêlé à celui d'Autriche nous promet dans notre Séréniſſime Prince d'Eſpagne la bravoure unie au bonheur ; pour devenir le Maître du Monde : (21) Cet Oracle est indiqué par son Nom Royal : BaltASAr REy ; les quatre voyelles ici renfermez sont celles qui commencent les noms des quatre parties du Monde : Présage que sa Monarchie & sa gloire doivent un jour les remplir toutes.

La Race des Cesars à Rome n'eut des Successeurs, ni de son mérite, ni de son sang : sterilité qui est le châtiment ordinaire de la tyrannie.

Il y a encore d'autres Races

(21) Le Prince Baltasar fils aîné de Philippe IV. mourut à l'âge de 16. ans sans avoir regné. C'est à lui que Dom Lastanosa dédia l'Homme universel de Gracien. L'un n'a pas été plus heureux que l'autre, dans l'horoscope de Baltasar, que Lastanosa appelle un *Soleil levant, qui doit un jour éclipser les Lunes de l'Afrique, & faner les lys par ses brillans rayons.*

dont les Princes ſont lents à ſe former ; mais quand ils ſe ſont une fois évertuez, ils compenſent ces premieres lenteurs par les plus étonnans progrès.

Un génie extraordinaire pour le Gouvernement diſtingua toujours le Sang des Rois d'Arragon : Tous, ſans exception, Politiques, Pénétrans, Belliqueux, Prudens : Rare bonheur, & digne d'être envié de toutes les autres Monarchies.

Ferdinand (22) ne naquit,

(22) Ferdinand étoit fils de Jean II. d'Arragon qu'il eut de ſon ſecond mariage avec Henriquez fille de Frederic Amirante de Caſtille. Les brouilleries dont ce ſecond mariage fut la ſource paſſent les bornes d'une Note. Jean II. ayant ſur les bras les Navarrois, les Catalans & le Roy de Caſtille, Henry IV. eut beſoin de tout le courage & de toute l'habileté de ſon héroïne Henriquez : il lui confia à la fois le Gouvernement en partie, & le petit Ferdinand, que cette Princeſſe éleva d'une maniere à devenir ce qu'il fut dans la ſuite.

ni ne fut élevé dans des jours d'oiſiveté & de délices : Dom Jean ſon Pere étoit alors en de fâcheuſes extrémitez. Les Illuminations à la naiſſance de Ferdinand, ce fut le feu continuel du Canon des ennemis ; & les réjoüiſſances de la Cour, ce furent les triomphes de leurs victoires multipliées.

Ce Prince enfant ſe vit aſſiégé dans le Château de Gironne avec la Reyne Jeanne ſa Mere, cette Amazone de Caſtille, qui commanda des Armées dans la Navarre, dans l'Arragon, dans la Catalogne. Contre un enfant, & contre une mere, il y eût tel jour que l'on tira ſur le Château cinq mille coups de feu : & le petit Héros, comme un Phœnix, ſortit triomphant de cet incendie. Il ſembloit que toutes les Puiſſances euſſent conſpiré contre Ferdinand enfant; pour le réduire ſans peine lorſqu'il ſeroit un homme fait.

Une éducation héroïque fait un Roy Héros. La bonne ou la mauvaiſe odeur d'une liqueur miſe dans un vaſe neuf dure long-temps. L'aigle éprouve aux plus purs rayons du Soleil ſon Aiglon; pour être le Roy des Oiſeaux. Qu'un Prince ſoit élevé d'une maniere toujours proportionnée à ſon haut rang; que l'on répande ſur ſon éducation toutes les lumieres de la vertu & de l'honneur.

Il fut très avantageux à Henry IV. de France, pour être Roy & grand Roy, d'avoir été comme tranſporté du Berceau à la Tente.

La chauſſure (23) groſſiere

(23) Le texte dit: *Mas gloriosas fueron las Abarcas*, &c. *Abarca* eſt une chauſſure

de Dom Sanche l'Aragonois le conduisit plus à la gloire, que la riche parure de tant d'autres Princes : la molleſſe de ceux-ci les fait tomber dans le dernier mépris ; tandis que l'auſtérité de l'autre lui mérite un glorieux Ecuſſon.

Le Roy Dom (24) Pedre abandonna ſon fils Jayme encore enfant, lequel devint dans la ſuite le Conquérant de l'Aragon : avant même ſa naiſſance, ſon pere l'eut en horreur : com-

groſſiere, propre, des gens de la campagne. Le Roy Dom Sanche eut le ſurnom d'*Abarca*, ſoit pour s'être vêtu d'un habillement ruſtique, afin de n'être point connu ſous cette figure, ſoit pour paſſer avec des *Abarcas* les Monts Pyrenées couverts de neige, afin d'aller au ſecours de Pampelune que les Maures aſſiégeoient. La Maiſon d'*Abarca*, ajoute *Covarruvias*, laquelle eſt illuſtre en Eſpagne, deſcend vraiſemblablement de ce Dom Sanche.

(24) Dom Pedre II. Dom Jayme ou Jacques I. ſon fils, lequel donna & gagna trente batailles.

me il eût bien voulu ne lui avoir jamais donné le jour, il lui refusa conséquemment la chose la plus essentielle, qui est l'éducation ? Et c'est-là ce qui fut le plus grand bonheur pour Jayme : le Comte Simon de Monfort, habile & brave Capitaine lui tint lieu de pere & de Gouverneur tout ensemble ; car il faut élever ses propres enfans comme des étrangers, & ceux-ci comme ses propres enfans. Alors l'équipage militaire fut le premier dans lequel parut le petit Jayme ; cet enfant délicat & tendre qui sçavoit à peine marcher, alloit déja faisant le cliquetis avec sa cotte d'armes, & sa cuirasse. Ainsi, sont élevez les plus fameux Monarques : voilà l'éducation des Héros.

Alexandre croissoit en âge, non point parmi le tumulte des

fêtes & des divertissemens, mais au milieu du bruit des Exploits de Philippe son pere; c'étoit pour lors qu'augmentoit sa noble envie, que son émulation redoubloit d'ardeur. Il fut fils du plus grand Roy de la Grece, & éleve du plus grand Philosophe du monde; pour être lui-même le premier Monarque *Grand* par excellence.

Ferdinand plus jeune qu'Alexandre présida aux Etats d'Aragon à Saragoce; sa capacité déja égale à celle d'un homme fait suppléa au petit nombre de ses années. Ainsi, (25) le pere &

(25) Viane est une petite Ville avec une Principauté, qui étoit l'apanage des aînez des Rois de Navarre. Le Prince Charles à qui la Navarre appartenoit du chef de sa mere Blanche premiere femme de Jean II. voulut avoir ce Royaume par la voye des armes; & Jean son pere s'y opposa. De là les malheurs de l'un & de l'autre. Ferdinand eut plus de res-

le fils étoient mutuellement inſtruits aux dépens de Charles Prince de Viane ; l'un pour ſe confier davantge en ſon ſecond fils, Ferdinand, l'autre pour s'attacher entierement le cœur de ſon pere, Jean deuxiéme, & n'être qu'un avec lui.

Les Empereurs Romains, pour être ſoulagez du peſant fardeau de l'Etat dans leur vieilleſſe, érigeoient leurs fils en Céſars, & s'ils n'en avoient point de leur ſang, ils s'en choiſiſſoient d'adoption. De cette ſorte le ſage Nerva adopta le valeureux Trajan : ils ne faiſoient tous deux qu'un corps, dont l'un étoit la tête, & l'autre les bras ; partageant ainſi les facultez, la prudence pour l'homme d'âge, & la valeur pour le jeune homme.

pect pour Dom Jean, & Dom Jean plus de confiance en Ferdinand.

Ce que faisoit autrefois la confiance en des étrangers ; pourquoi la nature ne l'attendroit-elle pas des propres enfans?

L'amour ou la crainte dans un pere ont souvent été de funestes écueils pour des successeurs. En (26) France l'inepte Charles avant que de se connoître, fut enseveli dans les flatteuses délices, où il resta toujours, comme un Roi mort. L'affection ou la défiance ont inventé pour les Princes Ottomans une prison de plaisirs, d'où ils n'ont jamais pû se tirer. Afin que Denis second (27) de Sicile n'aspirât pas de bonne heure au Gouverne-

(26) Charles VIII. que le soupçonneux Loüis XI. son pere tint enfermé dans le Château d'Amboise, &c.

(27) Denis II. fils du Tyran de Syracuse, de Roy devint Maître d'école, & mourut dans cette profession qui lui seyoit mieux que la Royauté.

ment, on l'éleva comme plusieurs autres, qui dans la suite demeurerent pour toujouts incapables de gouverner.

Tous les Arts s'apprennent, & pour les mécaniques mêmes & les plus aisez, il y a un temps d'apprentissage. L'art de regner, le plus critique de tous les arts, est l'unique auquel ses essais & ses leçons propres soient refusez. Il n'y a rien de plus difficile que de sçavoir bien commander, disoit Dioclétien.

Quelques-uns commencent d'être Rois sans principes & sans expérience. Ninus second, fils de Semiramis, se trouva tout-à-coup surchargé du fardeau pénible d'une Couronne. Childeric de France se vit d'abord comme dans un profond abîme de politique, d'intrigues, de violences, de chagrins. Nulle

(28) expérience ; grand écueil. De là Dom Sanche second de Portugal conçut de l'horreur pour le Gouvernement, & ce qui est pis, une défiance outrée de lui-même. Ainsi ce Prince & ses semblables se déchargeant de tout travail pour se livrer aux douceurs de la vie, n'eurent plus que le titre de Rois, qu'enfin ils (29) perdirent aussi.

Ferdinand employa le temps de sa jeunesse à la guerre, & celui de sa vieillesse à la politique. Il pensa dans ses premieres années à conquerir, & dans ses

(28) Ce Childeric fils de Clovis au milieu des plus affreuses broüilleries intestines, étoit un *Prince sans conduite, sans courage, incapable de gouverner, & de se laisser gouverner par ceux dont la prudence auroit pû suppléer à ses défauts, &c.* V. le P. Daniel. Hist. de Fr.

(29) La Couronne de Portugal passa sur la tête d'Alphonse frere de Sanche à qui elle fut ôtée.

dernieres, à gouverner.

Les âges ont leurs fonctions, la jeunesse, celles de la valeur, & la vieillesse celles de la prudence.

Dans l'âge vif & boüillant, les armes se manient avec plus de légereté, & avec plus de succès tout ensemble : Axiome de l'illustre Marquis de Marignan que nous avons commenté ailleurs.

Trajan envioit à Alexandre d'avoir commencé jeune à regner; & il le lui envioit non point par passion pour le Gouvernement, mais par le désir d'un pareil avantage.

A l'égard de plusieurs, les heureux succès ont cessé avec leurs premieres années. Pompée dans sa vieillesse perdit tout ce qu'il avoit acquis dans sa vive jeunesse.

Les armes demandent un

grain de témerité, laquelle ne quadre point avec la maturité. Les attentions redoublées de l'âge avancé tiennent en bride le courage, & la hardiesse en suspens. Les plus prudens ne furent jamais de grands *Batailleurs.*

Le *Prudent* des Philippes d'Espagne quitta bientôt le casque & la cuirasse. Alexandre avec sa témerité fit seul plus de conquêtes que tous les Rois ensemble avec leurs longues réfléxions. Le déterminé Cesar par son audace extrême triompha de la prudence extrême du Sénat.

Il importe encore pour des raisons solides, que la jeunesse soit occupée aux armes; par là elle se sauve des vices ordinaires à cet âge facile; ou du moins elle ne tombe point dans une indigne nonchalance.

Tout le contraire convient à la vieilleſſe : elle aime la paix, parce que la tranquillité eſt la ſituation propre pour faire des loix, pour réformer les mœurs, pour regler un Empire & l'établir dans tous les ordres qui le compoſent.

Ferdinand commença par la Couronne de Sicile ; inſigne augure de tant d'autres qu'il devoit conquerir. (30) Bientôt il

(30) Deux ſituations de Ferdinand fort differentes ſont ici repreſentez bien en racourci. I. Lorſque Ferdinand après la mort d'Iſabelle retourna en Aragon, les Eſpagnols furent charmez de leur nouveau Roy, Philippe Archiduc d'Autriche époux de Jeanne *la Folle*, fille & héritiere d'Iſabelle. Mais les extravagances de Jeanne, jointes à la prompte perte de Philippe, firent infiniment regreter Ferdinand ; de ſorte que les Caſtillans ayant donné à Jeanne pour retraite, le Portugal, ils inviterent le Roy d'Aragon à revenir être leur Roy; & Ferdinand ſe rendit à l'invitation. IIe. ſituation. Lorſque Ferdinand contre le gré de la haute Nobleſſe

entra dans la Castille ; entreprise plus difficile que celle d'Hercule, contre le monstre à sept têtes. On reconnut d'abord l'étenduë de son habileté, la grandeur de sa bravoure ; & qu'il devoit être un prodige de politique.

Le point essentiel pour rendre un nouveau Regne heureux & tranquille ; c'est de se lancer & de pousser son chemin, si j'ose user de ces expressions. Un torrent continuë par où il a com-

d'Espagne qui vouloit un Roy Castillan, eût épousé la Reyne Isabelle, il ne fut jamais Roy qu'à demi ; c'est-à-dire que dans tout Acte public la Reyne y paroissoit de pair avec le Roy, & que l'on les nommoit en commun : *Leurs Majestez Catholiques.* Mais appellé à la Couronne par les Castillans mêmes, Ferdinand devint Roy, vrai Roy : *Rey Rey.* Pourlors il n'oublia pas les maximes de Jean son pere, dont la principale fut d'éviter toute occasion de guerre intestine. En effet, Ferdinand *Roy* d'Aragon pardonna toutes les injures faites à Ferdinand *époux* d'Isabelle.

mencé ; & c'eſt une choſe de la nature des impoſſibles, que d'en changer enſuite le cours.

Les Rois trouvent de grandes contrarietez à la naiſſance de leur Gouvernement. Toute la prudence, toute l'attention & toute la ſagacité ſuffiſent à peine dans ces commencemens épineux. A l'entrée d'un chemin le danger eſt de ſe tromper ; mais lorſqu'on a une fois pris le véritable, on continuë aiſément ſa route.

Le Monarque aſſis aujourd'hui ſur le Trône de la Chine, avoit commencé ſon regne avec la prévention la plus avantageuſe pour lui, avec des qualitez ſupérieures à l'attente même de ſes Sujets ſi attentifs à l'obſerver. Mais bientôt on a corrompu ſes vertus ; ceux-ci pour une fin, ceux-là pour une autre : en telle ſorte que l'on a réüſſi à perdre le meilleur Roy que la Renommée eût éterniſé.

Les Sujets conçoivent de grandes eſpérances d'un Soleil naiſſant : ils ſe promettent toujours que le Prince qui commence ſera meilleur que celui qui finit, quelque bon qu'il ait été. Ferdinand fut reçû des Eſpagnols à proportion de l'idée qu'ils avoient que c'étoit un grand Roy : il ne remplit pas ſeulement, mais il ſurpaſſa des eſpérances déja ſi bien établies. Il preſſentit d'abord que ceux qui travailloient à le faire Roy de Caſtille, ce n'étoit pas pour qu'il gouvernât : il les entretint dans leur ambition chimérique ; par là il ſe prévalut de leurs propres deſſeins, contre eux-mêmes, ſe les ſoumit tous, & devint Roy, vrai Roy. Il ne dédaigna pas alors les maximes du Roy Dom Jean ſon pere ; & ſa prudence ſinguliere l'emporta ſur l'inclination preſque générale en ce point.

C'eſt un penchant remarquable dans les Princes, de ſuivre une route directement oppoſée à celle de leur prédeceſſeur ; ſoit par un eſprit de nouveauté, ſoit par une ſorte de rivalité. Cette paſſion regne également & dans des ſucceſſeurs étrangers, & dans les propres enfans des prédeceſſeurs : car la nature peut bien unir le ſang, mais non les eſprits : on hérite quelquefois des manieres, mais non des goûts.

Si cette contrarieté naturelle ſe produiſoit contre des vices, elle ne ſeroit que très-louable ; mais, qu'elle oſe s'élever contre les plus belles actions, c'eſt un monſtre des plus affreux.

Que Veſpaſien abhorre & foule aux pieds juſqu'aux moindres veſtiges de Vitellius & des autres monſtres ſes prédeceſſeur; c'eſt là rétablir l'Empire, c'eſt là vanger la vertu.

Qu'Adrien condamne les beaux faits de Trajan, le meilleur Empereur qu'adora Rome; que par un excès de contrarieté il reſſerre les limites de l'Empire, pour en borner la renommée; qu'il détruiſe le Pont célébre du Danube pour en abolir la mémoire, ce n'eſt émulation dans aucun ſens, c'eſt atrocité au degré ſuprême.

Approuver tout, c'eſt communément ignorance; improuver tout, c'eſt malignité. Quoi? parce que le prédeceſſeur aura été guerrier, il faudra que le ſucceſſeur ſoit pacifique, & cela non

non point par convenance, mais par opposition naturelle ? C'est ce qui n'est pas dans les regles de la politique.

Il est triste que pour le bon & l'héroïque, quelques-uns s'imaginent que l'imitation est une imperfection. A l'égard du vice, on s'y succede, ce semble, à l'envi : c'est une longue suite de Princes sans honneur ; au lieu que les Héros sont rares, & se comptent. A un Tibere voluptueux succede un exécrable Caligula ; à celui-ci l'imbecile Claude, à Claude un Neron dépravé : voilà comment se suivent sans interruption les mauvais Princes. Mais un Auguste, un Trajan, un Theodose se perdent bientôt de vûë ; il n'y a personne qui marche sur leurs traces.

Ferdinand eût en partage une Monarchie auguste : bonheur

mutuel pour le Prince & pour l'Etat ; pour l'Etat que le Prince égale par sa capacité & par sa valeur ; pour le Prince que le Royaume égale par sa grandeur & par sa puissance. A une petite plante un espace médiocre tient lieu d'un vaste champ : A un grand arbre, à un Palmier, à un Cedre, c'est un état trop violent pour s'étendre, pour prendre même racine.

Si Charles Emmanuel de Savoye avoit eu un Empire aussi grand que son courage, il eût laissé derriere (31) soi Cesar même : il se réduisit par force à la situation d'un petit Etat ; & lui, qui pouvoit briller comme un

(31) L'éloge paroît outré : cependant Emanuel accompagné de quatre hommes seulement, perça un gros de cinq cens Cuirassiers qui vouloient l'envelopper. Que Cesar eût-il fait de plus ? V. le Héros de Gracien traduit.

Soleil, ne fut qu'un astre très subalterne.

C'est un supplice insupportable à une ame héroïque, de voir que les forces de son Royaume ne soient pas proportionnées à sa valeur, & c'est un grand bonheur de n'avoir point à désirer d'autre Monarchie que la sienne. Henry IV. de France souhaita (32) quelquefois la bravoure des Espagnols.

D'autre part, c'est un grand malheur à une Monarchie de n'avoir pas un Roy égal à son caractere & à sa puissance. Ladislas (33) second fut méprisé

(32) La pensée est juste par la modification de *quelquefois*; car lorsque Henry IV. eut les François mêmes contre lui, il pût souhaiter la bravoure des Espagnols. Quant à la Monarchie, il n'en désira point d'autre que celle de la France; à moins que ce ne fût la Monarchie universelle dont ce Héros étoit si digne.

(33) Les Polonois pousserent si loin

de la Pologne à cause de son incapacité. L'Espagne eût en horreur Agila pour ses vices. Un Roy ainsi décrié, ni ses sujets ne l'aident, ni les étrangers ne le craignent. Les Monarchies étenduës & difficiles demandent des Rois d'une grande habileté & d'un grand courage : & un Roy qui a ces qualitez paroît à son tour avec plus d'éclat dans ces mêmes Monarchies. Le valeureux Charles (34) de Bourgo-

leur mépris pour Ladislas, que ce Prince fut forcé d'aller cacher sa honte en Allemagne. Pour ce qui est de l'indigne Agila, Roy des Wisigoths, il fut assassiné par ses Sujets aussi barbares que lui.

(34) Charles dont la Duché fut réünie à la France avoit plus que le *grain de témérité*, pour user de l'expression de Gracien.... Sous Cosme I, Florence étoit comme une petite Rome pour les armes & pour les Lettres. Enfin, je pense contre le sentiment de Gracien, que les *deux Romains si vantez* furent des Princes plus puissans ; parce qu'ils furent de plus grands hommes.

gne ne le cedoit en rien à Cesar, ni le grand Cosme de Florence, à Octavien : si les deux Romains ont été plus vantez, ce n'étoit pas qu'ils fussent de plus grands hommes, mais c'est qu'ils étoient des Princes plus puissans.

Lorsque la Monarchie a un Prince qui lui est inférieur par défaut d'âge seulement ; quoique cela soit dangereux, & puisse être un principe de sa ruine, ainsi que dans Arcadius (35); cependant la Monarchie qui prend alors le meilleur parti, est celle qui se maintient par l'espérance. Mais quand c'est par caractere qu'Alexis IV. le Grec est au des-

(35) Arcadius étoit fils aîné de Theodore le *Grand*, auquel il succeda à l'âge de 18. ans, & dont il fut en tout le contraste. V. Cassiod ... Alexis dit le *Jeune*, Prince foible d'esprit & de courage, qu'Alexis V. qui s'empara de l'Empire fit étrangler en prison ou étrangla de ses propres mains selon quelques-uns.

ſous de l'Empire, on ſe porte au déſeſpoir.

Heureux ſort qu'une égalité ici réciproque! C'eſt comme un mariage illuſtre lequel eſt l'œuvre du Très-haut. Que ſi cette égalité manque, il vaut ſans doute beaucoup mieux que ce ſoit le Prince qui ſoit ſupérieur à l'Etat, que l'Etat à lui. Mais alors il ſe gardera bien de marquer du mépris pour l'Etat: ce mépris coûta la vie à Ceſar.

Ferdinand trouva (36) ſes Royaumes héréditaires d'Aragon trop limités pour ſes vaſtes projets: c'eſt pourquoi il aſpira toujours à la grandeur & à l'étenduë de la Caſtille; enſuite à la Monarchie de toute l'Eſpagne, & enfin à la Monarchie

(36) Tout cet endroit regarde le retour de Ferdinand en Eſpagne, dont il avoit déja beaucoup avancé la gloire, à l'aide de ſon Héroïne Iſabelle.

même universelle des deux mondes.

Il regna dans le temps de l'accroissement de l'Empire : ce qui aide fort à rendre illustre un Monarque. L'élevation ou l'abbaissement d'un Roy dépendent beaucoup de la situation où se trouve la Monarchie ; & il y a une grande difference entre regner dans son accroissement, ou regner dans son déclin.

Le Prince marié jeune a des enfans robustes & forts ; au lieu que la vieillesse foible & sujette à des infirmitez, n'a que des enfans foibles & infirmes.

Dans toutes les Monarchies, les premiers Rois se sont communément signalez ; parce que tout les portoit à la vertu. Un Romulus brave, un Numa heureux, un Hostilius belliqueux, un Ancus integre, un Priscus pénétrant, un Servius politique furent les prémices de la Monarchie Romaine. Auſſi l'héroïſme ſe prolongea-t'il plus dans ſes Rois que dans ſes Empereurs: les premiers étoient les enfans d'une jeuneſſe robuſte, les autres l'étoient d'une vieilleſſe caſſée; les premiers gagnoient des batailles, les derniers célébroient des triomphes. En effet, dans les commencemens la vigilance & la bravoure ſont en vigueur : la préſomption après cela vient; la nonchalance la ſuit ; & tout ſe termine par l'amour des délices.

Dans la fameuſe Monarchie de France les Rois ſe diſtinguoient ſucceſſivement par toute ſorte de vertus, depuis l'incomparable Clovis. La renommée encore toute fraîche de Childeric aiguillonnoit les Clotaires, & Dagobert celle des

des Clotaires. Mais cet héroïſme tomba peu-à-peu ; juſques-là que l'Empire François ſe vit menacé de ſa ruine entiere ſous l'indolent Childeric. Charles Martel fit renaître la France de ſes cendres preſque froides : elle repris ſous Pepin ſa premiere bravoure ; & ſous Charlemagne elle parvint au plus haut dégré de ſa puiſſance. Mais, ô inſtabilité des choſes humaines ! l'Empire François toucha une ſeconde fois à ſa perte ſous Charles le Simple, & encore plus l'imbecile. Ici ſe manifeſta la Providence ſpéciale du Ciel en faveur de ce Royaume Très-Chrétien ; elle ſuſcita Hugues Capet, lequel releva la Monarchie pour pluſieurs ſiécles, ce bonheur ſe perpetuant en tant de fameux Rois, les uns Saints, les autres Guerriers, les autres Sages.

Imitateur de ce grand nombre de Héros, Loüis XIII. invincible Restaurateur des Gaules, a banni l'hérésie de toute la France : & l'on espere qu'il exilera de l'Univers l'infidelité : celui qui a commencé par atterrer les hérétiques, doit finir par anéantir les Mahometans.

Cette premiere ardeur naturelle par laquelle s'est formé le corps politique d'un Empire, dure quelque temps : il subsiste quelque temps ce fonds de bravoure, de conduite & de puissance. Qui pût arrêter l'impétuosité avec laquelle se montra d'abord la prosperité Ottomane, croissant toujours, jusqu'à l'heureux Soliman ? Elle déchut dans Selim second cette même Puissance attaquée à l'aide d'un saint Pontife, reprimée (37) par un

(37) La République de Venise four-

Monarque Catholique. Elle s'accrut de nouveau par les dissensions des Princes Chrétiens, & elle se maintient encore par les mêmes causes : Une sainte ligue put l'humilier, triomphante, elle eut pû à plus forte raison la renverser, déchûë.

C'est la divine Providence, & non point une fortune aveugle, qui est l'arbitre des Empires : c'est elle qui les établit & qui les détruit, qui les éleve, & qui les abbaisse, selon ses vûës secrettes & sublimes, les Empires Chrétiens pour être les trônes de sa gloire, les Empires idolâtres pour le zele & pour le châtiment des premiers : l'harmonie merveilleuse de sa sagesse & de sa puissance éclate toujours dans les uns & dans les autres.

nit aussi son contingent pour cette guerre contre le Turc.

Ce fut toujours un grand avantage, de ſucceder à une Couronne dans ſa ſplendeur, comme (38) Xerxés au diadême enrichi des plus belles pierreries, & comme Dagobert au Sceptre floriſſant des Lys.

Malheur extrême pour un Prince de trouver une Monarchie bouleverſée; où la valeur n'eſt plus, où regne l'oiſiveté; d'où la vertu eſt exilée, où le vice domine, où les forces ſont épuiſées, où la réputation eſt tombée, où la fortune a changé, où tout a dépéri: c'eſt comme un vieux édifice menacé de moment à autre, d'une ruine entiere: Alors il faut que l'habileté d'un Veſpaſien (39) d'un Claude

(38) Xerxés en montant ſur le Trône de ſon pere ſe vit le maître d'une armée de huit cens mille hommes.

(39) Veſpaſien après la mort de Neron fut proclamé Empereur par l'ar-

(40) second; que la valeur d'un Pepin, d'un Hugues Capet attende à saisir l'occasion pour rétablir & pour renouveller la Monarchie. Car les occasions qui élevent les grands hommes sont aux petits génies des précipices où ils se perdent.

L'ordinaire est, que le Prince

mée avec laquelle il avoit réduit les Juifs: & le Sénat joignit son suffrage à cette proclamation. Vespasien ramena par tout le bonheur comme exilé, il fit des liberalitez à tous les Ordres de l'Etat dégradez & ruinez par les profusions infâmes de Neron. Sur le point de mourir, Vespasien aussi railleur que grand homme, dit ces paroles que l'Histoire n'a pas oubliées: *Je sens que je commence à être Dieu:* il se mocquoit de la sotte vanité des Romains, qui prétendoient ériger en Dieux leurs Empereurs.

(40) Marc Aurele, dit un Auteur, avoit la modération d'Auguste, la vertu de Trajan, & la pieté d'Antonie. Mais ces éloges se tournerent dans la suite en exécrations; à cause de ses cruautez inoüies envers les Chrétiens. Rien ne sçauroit excuser dans l'homme l'inhumanité.

contracte le mal de l'Etat : la maladie prend plûtôt à un homme sain, que la santé ne revient à un infirme. L'Espagne étoit dans une situation déplorable, lorsque l'infortuné Roderic (41) commença d'y regner : Il avoit des qualitez au-dessus des médiocres ; mais il entra dans le Royaume comme dans un goufre de vices & de voluptez : l'ancienne valeur des Goths, des Alarics, des Ataulfes, des Sisebutes, des Recaredes, des Sisenandes, des Suintiles, des Bambas avoit disparu. Tout étoit sans dessus dessous jusqu'aux murailles mêmes des Villes : les

(41) Roderic perdit la Couronne & la vie dans une bataille que gagnerent sur lui les Infidelles. Cette guerre lui fut suscitée par les deux fils de Vitisa, pour vanger leur pere, à qui Roderic avoit fait crever les yeux, après s'être emparé du trône, que Vitisa déshonoroit.

mœurs étoient toutes corrompuës par la turpitude & par la ſtupidité de Vitiza.

L'attrait du plaiſir eſt puiſſant, le vice entraîne avec violence ; & bien qu'un Prince, un Magne ſecond de Suede ait une ame noble, & Neron une éducation de Héros, ils ſont transformez par les plaiſirs, qui peu à peu les corrompent & les perdent.

Les ſeuls Rois d'Aragon ne dépendirent point de la diſpoſition actuelle de la Monarchie : tous furent des Princes extraordinaires, tous ſe rendirent recommandables ; depuis Ramire Ier, depuis même Garcias Ximenés juſqu'à Ferdinand le Catholique : Nul ne fut mal habile, nul ne fut voluptueux ; & contre l'ordinaire de toutes les Monarchies, le dernier fut le plus parfait : la vertu s'accrut toujours dans ces Rois, comme par une impulsion naturelle, qui est plus grande à la fin qu'au commencement.

La perfection du Monarque dépend encore beaucoup du caractere propre de la Nation dont il est le Chef: il y a en effet des Nations qui rendent vicieux leurs Rois, & il y en a d'autres qui les rendent vertueux. Les voluptueux Assyriens communiquoient aisément leurs mœurs effeminées à leurs Princes, si cependant les huit monstres prédecesseurs de Sardanapale méritent ce nom. Mais les sages Lacédémoniens, par leurs maximes & par leur conduite penchoient leurs Rois à tout genre de vertu. Les Perses livrez à tous les vices, & à toutes les dépenses excessives, soit pour la table, soit pour l'habillement, corrompoient tellement leurs Rois, que l'Aſie entiere ne ſuffiſoit pas à leur folle ſomptuoſité. Les Macédoniens au contraire, Nation frugale & reglée, formoient par là des Rois, en qui la grandeur du courage ſurpaſſoit tout le faſte & toute l'oſtentation qu'ils n'avoient point.

Voilà pourquoi il y a eu en certaines Nations des Princes vulgaires, & en d'autres des Princes extraordinaires. Dans l'Aragon, chaque particulier de quelque conſidération, étoit un miroir, étoit un modele inſtructif pour ſon Roy. Nation en un mot la plus propre à faire de ſes Rois, des Héros.

Ferdinand eut les grandes vertus de l'homme, & au degré ſuprême, celles du Roy. Ceux qui veulent donner l'idée d'un

Prince parfait, ne manquent point de mettre en lui l'aſſemblage de toutes les grandes qualitez : Il eſt facile de parler ſur ces qualitez ; mais il ne l'eſt pas de les acquerir.

Quelques Princes ont eû les grandes vertus de l'homme & les grands défauts du Souverain. (42) Garcias fut très religieux, mais plus propre pour la cellule que pour la Royauté. Ramire d'Aragon, & Henry de Portugal étoient plus faits pour le Chœur que pour le Trône.

D'autres ont eû les grandes qualitez du Souverain, & les grands vices de l'homme. Ce contraſte fut extrême dans Ale-

(42) Garcias Roy de Navarre ſe retira en effet dans un Monaſtere : Ramire II. Roy d'Aragon prit le même parti : Henry de Portugal, c'eſt le Cardinal Roy. V. les Revol. de Portug. par l'Abbé de Vertot.

xandre & dans César. Dom Jayme *le Batailleur* (43) eut quelques égaremens de l'homme, & toute la vigilance du Souverain. A dix ans, avec le courage de trente, & la maturité de cent; il prit les rênes du Gouvernement.

Les qualitez de Prince sont sublimes & d'un ordre supérieur : elles remplirent les vuides des autres dans le Roy Dom (44) Denis de Portugal. Henry IV. de France sera célébre à jamais, pour avoir été un Prince insigne par le mérite qui fait le Roy.

Alphonse *le Magnanime* met-

(43) Jacques I. Roy d'Aragon surnommé le *Guerrier* à cause de sa vaillance eût souvent des affaires avec les Papes, au sujet de sa passion violente pour les femmes.

(44) Denis appellé le Pere de la patrie, Epoux de *Sainte Elisabeth de Portugal*, Fondateur de l'Ordre militaire de CHRIST, répara par de saintes œuvres, ses incontinences.

toit au-dessus de toutes les vertus, celles de la condition, de l'état; & il vouloit qu'on les estimât & qu'on travaillât à les acquerir préferablement à toutes les autres. Qu'importe qu'un autre (45) Alphonse soit un grand Mathématicien, s'il n'est pas un Politique, même médiocre? Il présuma de réformer la machine ronde, tandis que lui, il étoit à deux doigts de perdre son Royaume.

Quoique chaque élement ait les qualitez des autres à un certain degré, il a néanmoins au suprême, la sienne propre qui le désigne. Ainsi, quoique le Goth

(45) Alphonse X. surnommé l'*Astronome*, & dont les Tables Astronomiques sont nommées Alphonsiennes, au lieu de l'Empire à quoi il étoit appellé par les Electeurs; fut enfin dépoüillé de ses Etats mêmes par son propre fils. C'est l'Astrologue qui contemplant la région céleste se précipita dans la région aquatique.

Bamba ſoit médiocre en tout le reſte, on le diſſimule ; parce qu'il eſt d'ailleurs un très grand Roy. C'eſt par la même raiſon que les Ottomans ont en partie fait oublier leur barbarie ; j'entens les premiers Ottomans, moins & plus qu'hommes par leurs mœurs agreſtes, & par leur bravoure.

Cependant les qualitez du Prince ſans celles de l'homme, ou bien celle-ci ſans les premieres ne font qu'un demi mérite : Un Prince accompli, un Othon Empereur, un Clovis Roy, un Ferdinand IIIe de Caſtille, raſſembloient chacun dans eux les unes & les autres perfections. Et ce n'eſt pas ſans un deſſein de la Providence, ni ſans inſtruction pour nous que la ſage nature a placé dans la tête toutes les puiſſances de l'ame.

Les qualitez du Roy n'excluoient pas dans le grand Empereur Rodolphe premier les qualitez de l'homme ; au contraire, elles s'y prêtoient mutuellement la main, pour le dire ainsi. Raison évidente pourquoi il n'y a eû que parmi les seuls Chrétiens, quelques Princes très parfaits ; & pourquoi les deux Politiques (46) impies, sont condamnez comme des aveugles, à n'être pas même nommez ici.

Le meilleur des Princes payens, ce fut Trajan, si distingué de tous, que le Christianisme l'a comme revendiqué, & que plusieurs Peres de l'Eglise

(46) Puisque Gracien s'est fait une religion de taire ces deux impies, nous lui garderons sur cela le secret : nous dirons seulement que c'étoient deux Italiens, laissant au Lecteur la liberté de nommer les masques, s'il le juge à propos.

l'ont racheté du malheur éternel, ſinon en effet, du moins en déſir. Mais, quelle comparaiſon entre Trajan & le grand Theodoſe? Celui-ci égala l'autre pour le haut degré des belles qualitez, & le ſurpaſſa pour le nombre. Trajan recherchoit les honneurs, & Theodoſe les mérites; l'un, les triomphes, l'autre les victoires: Theodoſe l'emporta ſur Trajan, & pour la modération & pour la temperance. Enfin,(47) Theodoſe fut un Empereur Chrétien, fils ſpirituel du grand Archevêque de Milan deſtiné du Ciel, pour donner à l'Egliſe des hommes extraordi-

(47) Saint Ambroiſe reçût à pénitence le Grand Theodoſe, auquel il avoit interdit l'entrée de l'Egliſe durant huit mois pour le maſſacre de Theſſalonique. Le même ſaint Archevêque inſtruiſit & convertit à la foy Catholique le grand Saint Auguſtin ſurnommé dans la ſuite le *Docteur de la grace.*

naires dans l'un & dans l'autre état.

Entre les Empereurs, Henry fut d'une sainteté consommée, & Loüis entre les Rois : Preuve que le Saint, & le Monarque, ne sont point incompatibles.

Une misere bien opposée, c'est de n'avoir, ni aucunes vertus personnelles, ni aucunes marques de sa dignité. Combien de Princes n'ont servi que de nombre ? Un de cette espece fut Claude (48), dont Seneque dit : Que personne ne sçût qu'il avoit cessé d'être ; parce que personne ne sçût qu'il avoit commencé d'être. Charles le Simple en

(48) Claude salué Empereur par un Soldat fut reconnu pour tel par les camarades du Soldat : & voilà Claude maître de l'Univers, mais de nom & rien de plus. Il adopta Neron, fils d'Agrippine qui l'empoisonna, de crainte qu'il ne retirât sa parole en faveur de Britannicus.

France,

France, vivant, passoit pour mort. Amurat IIIe & Mahomet aussi IIIe pouvoient aisément être de vrais Empereurs, & même de grands Empereurs ; mais ils mirent leur bonheur à n'être rien.

Cependant cet état semble en quelque maniere tolérable par comparaison : En voici un autre monstrueux ; c'est qu'un Prince remplisse les vuides des vertus par des vices abominables : Il n'y a rien au-delà. Neron fut un monstre exécrable, un amphibie entre l'homme & la bête : les six premieres années il alla de pair avec le meilleur Prince, & les six dernieres, avec le plus méchant. Le Ciel avoit préparé un Oracle de sagesse pour Maître, à un monstre de méchanceté. Mais les enseignemens servirent de peu, où le naturel répugnoit.

Et que Neron n'auroit-il pas été, s'il n'avoit point eû pour son (49) Chiron, un Seneque ? Heliogabale, dont le souvenir seul fait horreur, en dégénerant même de la bête, tira Neron de la derniere infamie, pour le dire ainsi: Ils eurent tous deux les vices les plus horribles & des hommes & des Rois : ils se plongerent tous deux également dans les uns & dans les autres.

Les fautes des Rois sont éternelles : quoiqu'elles se fassent communément dans l'intérieur le plus secret de leur Palais, elles transpirent bientôt jusques dans les lieux publics : En un instant ils ont failli pour toujours : Une seule inattention échappée dans eux, est condamnée sans retour à la connoissance de tous les siécles.

(49) Chiron, Précepteur d'Achille.

Il ne faut que très peu de chose de manque pour être imparfait : & il faut tout avoir à un degré même éminent pour être parfait ; sur tout lorsque dans l'ordre des choses de ce monde, on est élevé au plus haut rang, tel que l'est celui de Roy.

Les vertus ou les vices de l'Etat sont très visibles, & se remarquent par conséquent davantage : les fautes qu'on y fait sont spécialement appellées (50) *obligations* ; parce que toute faute contre le devoir capital est de celles que l'on pardonne le moins.

Les étrangers, en hommes interessez, ont exagerez dans Ferdinand quelques légeres circonstances ; comme s'il étoit cou-

(50) Je ne sçache que ce terme seul, qui puisse exprimer le texte : *Llamanse cargos.*

pable lui, de s'en être prévalu; & que leurs Princes à eux fussent excusables de les lui avoir abandonnées. Si Ferdinand faillit, (51) ce ne fut point à dessein; ce fut pour ajuster les évenemens à l'occasion, non par quelque mauvais détour, le temps les amenoit. Il y a de (52) la con-

(51) Entendons sur cet article la confession de Ferdinand même, que nous avons déja citée dans le HEROS. Loüis XII. Roy de France s'étant plaint aux Ambassadeurs du Roy de Castille du peu de sincerité de leur Maitre, le Sécretaire Quintana le rapporta à Ferdinand, auquel il ajouta que Loüis l'accusoit de l'avoir trompé deux fois, *Deux fois*, reprit Ferdinand, *par Dieu il en a bien menti, l'yvrogne, je l'ai trompé plus de dix.* Ceci peut servir de réponse par avance, à ce que dit Gracien, sçavoir que *Ferdinand prévint toujours les François*, &c. *Qu'il faisoit toujours la guerre avec de la poudre sourde*, &c.

(52) Les plaintes des étrangers sur le compte de Ferdinand étoient-elles toutes mal fondées? Le Prince étoit seul son conseil, aussi-bien que notre Loüis XI. étoit le sien, il ne sortoit de son cabinet que de *la poudre sourde*, c'est-à-dire, que

tradiction que les étrangers lui imputent tout mal, & que les Espagnols lui ôtent tout bien; que les uns le surchargent de fautes, & que les autres lui refusent les succès.

A la verité ceux mêmes qui lui étoient le plus dévoüez ont repris en lui des défauts; mais non des excès. Quoiqu'il en soit, il est certain que ce qui sous un regne paroît extrême, devient sous un autre regne un temperamment convenable: Ferdinand, il est vrai, corrigea par son épargne la profusion de

des coups imprévus, & ausquels on n'avoit pas lieu de s'attendre. II°. Les Espagnols de leur côté avoient-ils grand tort de ne pas attribuer à Ferdinand tous les succès? Ferdinand projettoit, mais Gonzalez de Cordouë exécutoit; la gloire du dessein étoit dûë au Monarque, & celle de l'éxécution à son Général. Ainsi disparoît la contradiction, par un acte simple *de justice distributive.*

deux Rois ses prédécesseurs : s'il fut en quelque sorte avare envers les autres, il le fut encore davantage envers lui-même : témoin la simplicité extrême de son habillement & de celui de la Reyne Isabelle : habillement d'un velours usé pour le Prince, & d'un satin usé pour la Princesse. Il ne voulut pas se signaler par des largesses, ainsi que Dom Denis, Roy de Portugal, ni que ses successeurs l'en blamassent, comme firent ceux de Jean Empereur d'*Orient*, & de tant d'autres Princes.

Ferdinand fut universel pour tous les talens, & singulier dans l'art de gouverner, Grand Capitaine, Conseiller habile de soi-même, grand Juge, grand Œconome, grand Prélat (53)

(53) Allusion au zele de Ferdinand pour la pureté de la Foy dans ses Etats.

même ; mais très grand Roy.

Quelques-uns ne tiennent pour grand Roy que celui qui a été grand Capitaine, grand Guerrier : c'eſt reſſerrer l'emploi univerſel de Monarque à l'emploi particulier de Capitaine : c'eſt confondre le rang de ſupérieur avec le degré d'inférieur. L'attribut propre d'un vrai Roy n'eſt point de commander des Armées ; c'eſt de gouverner. Grand éloge de Philippe IV (54) : bien qu'il eût toutes les perfections, un jugement profond, un eſprit ſublime, une valeur héroïque ; il ſe renferma tout dans le Gouvernement de

(54) Sous le regne de Philippe IV. la Catalogne ſe livra à la France, & le Portugal, de Province d'Eſpagne qu'il étoit redevint & eſt encore aujourd'hui un Royaume floriſſant. Nous laiſſons les autres pertes que Philippe fit dans ſa longue guerre avec la France, juſqu'à la Paix des Pyrenées.

la Monarchie : il ſçut ſe faire la violence extrême de ſe ſouſtraire, pour ainſi dire, à ſon inclination belliqueuſe. C'eſt qu'il eſtima que l'eſprit de Gouvernement doit être à la tête de toutes les qualitez Royales, & qu'il eſt comme la deviſe d'un Roy parfait.

Aurélien fut un excellent Capitaine, mais il ne fut pas un excellent Empereur. Charles de Bourgogne ſe diſtingua dans la guerre, mais il ne ſe diſtingua pas dans le Gouvernement. C'eſt cette difference eſſentielle que reconnut dans ſoi-même le Tyran (55) Saturnin en ſe mettant ſur la tête une Couronne uſurpée. Aujourd'hui, dit-il, vous perdez, mes amis, un bon Capitaine, & vous avez fait un

(55) Saturnin fut aſſaſſiné par ceux mêmes qui l'avoient fait Empereur.

mauvais Roy ; car tout homme n'eſt pas propre à tout.

La vertu militaire eſt une qualité héroïque dans un Roy, & on l'exalte d'une maniere éclatante. Dom Jayme Prince Chrétien, & Mahomet Prince Turc, ſe ſont acquis une gloire immortelle par la voye des armes. Cependant tout examiné à la rigueur, j'entens à la rigueur politique, l'emploi d'un Roy n'eſt point d'être un Capitaine, il s'étend à beaucoup d'autres choſes. Cet emploi, je l'ai déja dit, eſt univerſel, & exige bien des qualitez éminentes. D'un Prince accompli, d'un Prince parfait, d'un Trajan, d'un Charlemagne, d'un Ferdinand le Catholique, cent hommes pourroient être célébres en leur partageant les perfections de ces Héros.

Tous les emplois que la République Romaine avoit diſtribuez en tant de perſonnages illuſtres, en Conſuls, en Dictateurs, en Tribuns, en Cenſeurs, &c. vinrent enfin à ſe réünir dans un ſeul Ceſar. Car un Monarque doit être tout, & par obligation, & par excellence.

Se livrer à une ſeule fonction de la Royauté, c'eſt ce qui ne doit jamais être; ce ſeroit ſe ſouſtraire à toutes les autres. Le Grand Loüis de France, ſe tournoit du côté de la guerre en telle ſorte, qu'il ne perdoit point de vûë la Juſtice, la Religion, le Gouvernement, l'œconomie, & toutes les autres obligations royales.

Lorſque Charlemagne faiſoit la guerre dans une Province, il étoit attentif à la Paix, à l'agrandiſſement & à la felicité des autres. Au même temps qu'il combattoit en Allemagne ; il établiſſoit la célébre Univerſité de Paris & le grand Parlement de France.

Pluſieurs ont été guerriers d'inclination. Mais ils ont plus travaillé à la ruine de leurs propres Royaumes qu'à celle des autres : Ils ſe ſont fait les premiers la guerre à eux-mêmes en épuiſant leurs Etats d'argent & d'hommes qui en ſont la plus grande & la principale richeſſe.

Ferdinand eût ſur cet article des lumieres étenduës : il remplit l'Eſpagne de richeſſes auſſibien que de triomphes : En combattant dans un Royaume il triomphoit dans les autres : Il enrichit ſa Monarchie non ſeulement de biens temporels, mais encore de biens ſpirituels. Il perfectionna la Milice & la Juſtice ; l'une par des guerres bien conduites, & l'autre par des Tribunaux éclairez.

Il mit toujours en œuvre dans l'occasion ce grand axiome de sa politique; sçavoir, que le génie du Prince doit se conformer à l'état de la Monarchie : pour cela, deux choses alternatives; se roidir ou se plier : la prudence vient à bout de la premiere, la tourne comme en état naturel, & en assure la durée; la seconde chose est l'ouvrage & la gloire de l'industrie.

Quoiqu'il en soit, c'est une necessité que le Prince, ou par caractere, ou par art s'ajuste à la disposition de la Monarchie. Dans un temps elle demande un Roy guerrier, & dans un autre temps un Roy pacifique. Le malheur, c'est lorsque tout le contraire vient à se rencontrer, & que les circonstances se heurtent les unes les autres.

La tranquillité d'un Childeric échut à la France lorſqu'elle avoit beſoin d'un Mars pour Roy ; & la bravoure Martiale d'un François (56) lorſque ſon Royaume & toute la Chrétienté fleuriſſoient, s'il ſe fût tenu en repos.

Combien de Princes auroient été d'illuſtres enfans de la Renommée, s'ils avoient été de ſaiſon? C'eſt la ſaiſon qui marque les faits à leur coin, & encore plus, ceux des Rois.

Dom Sebaſtien de Portugal vint après coup à la Monarchie :

(56) Ce ſeroit faire affront au Lecteur, que de lui définir le caractere de François premier, auſſi-bien que celui de Charle-quint ſon Antagoniſte: l'un & l'autre ſont aſſez connus. François Héros dans les combats, fut le plus loyal des humains dans la conduite, mais très peu précautionné : Charles fut brave dans la guerre, mais il ne fut pas aſſez franc dans ſon procedé.

ſon génie courageux ne trouvant point d'occupation qui y répondît, il en chercha une forcée ; s'il fût venu quelques ſiécles auparavant, c'étoit un Ceſar, & Liſbonne étoit une autre Rome. O Prince digne de (57) meilleurs temps.

Le fondement de la grandeur à laquelle eſt parvenu l'Empire Ottoman, c'eſt d'avoir eû dans l'accroiſſement de ſa puiſſance, des Princes faits pour cet Etat, nez pour l'occaſion préſente, & avec une émulation & une valeur ſuivies. A un Mahomet conquerant, ſuccede un Bajazet (58) heureux ; à celui-ci, un bra-

(57) Voyez la Note 17. C'eſt de l'infortuné Sebaſtien qu'il y eſt queſtion.

(58) Bajazet II. dont il s'agit eut un regne heureux & une fin malheureuſe : Selim ſon fils & ſon ſucceſſeur le fit empoiſonner: Action digne d'un fils Turc envers ſon pere même.

ve Selim ; à Selim un Soliman rusé. Et dans cette grande varieté de regnes, il ne se trouve pas un seul vuide ; ni pour que la fortune déclarée en leur faveur, se retire ; ni pour que leur valeur si renommée se relâche.

Lorsque les armes vont avec chaleur, la réputation avec éclat, la bravoure avec constance, & la fortune avec succès ; qu'un Prince, ou paresseux ou incapable se montre pourlors, tout tombe dans la langueur.

Les Aragonois secoüerent bientôt le joug honteux de l'Afrique par la valeur continuée de leur fameux Monarques : ils purent avec cela secourir leurs voisins, & achever de chasser les Maures de l'Espagne. Ces Princes alloient héritant les uns des autres, non des Etats accrus & augmentez ; mais une valeur

& une habileté qui suffisoient à un monde entier.

Le Roy Dom Sanche meurt de la mort des Héros dans la circonstance la plus étrange, tenant d'une part bloquée une Ville presque imprenable, la clef de ses Etats, la porte de ses Conquêtes Chrétiennes, & laquelle d'un autre côté attendoit à son secours une armée de Rois *Maures*; mais l'invincible Dom Pedre (59) son fils lui succede;

(59) La mort de Dom Sanche I. au Siége d'Huesca est accompagnée de circonstances les plus glorieuses à ce Monarque, & aux deux Princes ses fils, sur tout à l'aîné son successeur D. Pedre I. Le courage de Sanche tout blessé qu'il est d'un coup mortel, la résistance opiniâtre des assiégez, la lâcheté d'Alphonse Roy de Castille qui favorise ces infidelles par une irruption soudaine qu'il fait dans la Navarre, la bravoure des deux fils de Sanche qui vont repousser les Castillans jusques sur leurs frontieres, le prompt retour de ces Princes triomphans qui viennent secourir leur pere comme

Prince pour l'occaſion préſente, lequel répare la perte de ſon pere, & la répare avec avantage : en guiſe de ſceptre, armé d'un glaive alteré du ſang infidelle, il fait payer cherement le dard fatal qui a ôté la vie à ſon pere : pour un Roy mort il tranche un tel nombre de têtes couronnées, qu'il y en eut quatre des ſeuls Princes étrangers, venus en qualité de troupes auxiliaires.

Les Empires ont leurs accroiſſemens & leur perfection : ils croiſſent par la valeur à un degré ſuprême ; & ils ſe conſervent par une valeur médiocre, laquelle ſuffit pour ne pas décheoir. Cependant plus de Monarchies ont péri faute de valeur que par excès.

bloqué par les aſſiégez, & par leurs troupes auxiliaires, &c. Tout cela mérite d'être lû dans le détail. V. Mariana. vol. II. dans la traduction.

Il y a des Royaumes qui demandent comme naturellement des Rois guerriers, ainsi par exemple, que la belliqueuse France : d'autres en veulent de pacifiques ; il les faut tels pour l'Angleterre. Néanmoins ces convenances peuvent varier suivant l'allure des accidens.

Quelques-uns ont besoin que le Prince penche à la sévérité, & d'autres à la clémence : dans le même Etat, après l'une de ces deux extrémitez, l'autre y a eû son succès. Après un Dom Juan second & un Dom Henrique prodigues dans la Castille, vint à propos un Ferdinand œconome qui racheta la Couronne deux fois ; l'une, de ses propres sujets, & l'autre des ennemis. La bonté rendit célébre en Portugal Dom Manuel, après les sévéritez de Dom Juan son prédeceſſeur : par cette alternative, par cette variété d'influences du Chef ſur les membres, tout le corps d'un Empire ſe conſerve mieux.

Lorſque tous les Princes, ou rivaux ou voiſins ont l'ame martiale & guerriere, un Roy nourri dans les amuſemens & dans les délices de la paix eſt une circonſtance dangereuſe, fatale, & qui fait même tomber le Roy dans le mépris : Par ſa foibleſſe l'orguëil s'accroît dans les autres Princes, & le deſeſpoir dans ſes ſujets. Situation déplorable que d'envier à des étrangers leur Roy.

Cependant la politique, la ſagacité, & l'habileté peuvent être des ſupplémens au défaut de l'expérience militaire. De cette ſorte le politique Loüis de France l'emporta ſur le brave &

guerrier Charles Duc de Bourgogne; & il fit voir par là combien le manége & la dexterité prévalent à la force.

Ferdinand se trouva en compromis avec des Princes de son caractere, pénétrans, attentifs, politiques. Il y a des Eres, des Epoques de Rois : il arrive dans un temps, qu'ils sont tous belliqueux & guerriers; que la valeur les anime tous mutuellement, que l'amour de la gloire les picque d'une égale émulation. Ainsi concourrurent au même temps l'invincible Charlequint en Espagne, le belliqueux François premier en France, & le brave Soliman en Turquie : Tous trois grands Capitaines. Chacun d'eux se seroit rendu maître du monde entier, si tous trois ne s'étoient pas trouvez de mutuels Antagonistes : ils ſe furent un obſtacle réciproque à leur puiſſance, un frein réciproque à leurs efforts.

Quelquefois tous ſont Juſtes, Pieux, Religieux, dignes enfans du Très-haut. Un Henry Empereur en Allemagne; un Robert en France, un Canut en Angleterre, un Boleſlas en Pologne.

D'autresfois tous ſont plongez dans les délices, & par conſéquent pareſſeux : Un Childeric en France, un Roderic en Eſpagne, un Philippique de nom (60) & de faits dans l'Empire. * Les Rois s'endorment & ſe réveillent les uns les autres; ainſi

(60) Philippique ſurnommé Bardanés à cauſe de ſa bêtiſe & de ſa ſceleratеſſe, fut conduit en exil, après qu'on lui eût crevé les yeux.

* *Le Nouvelliſte du Parnaſſe juge cette comparaiſon un galimathias.*

que les oyſeaux domeſtiques qui s'invitent au chant ou au ſilence. Juſques dans la cruauté même il ſe trouva entre les trois Pedres (61) d'Eſpagne, de la concurrence, auſſi-bien que de l'équivoque dans le nom.

Ferdinand (62) ſe vit au même temps en compromis avec la politique de Loüis XI. avec la prudence de Maximilien I. avec la ſagacité d'Alexandre VI. avec la duplicité de Loüis Sforce : il les amuſa tous ſelon leur different génie, & en tira ſon avantage propre.

Il y a eû auſſi des claſſes de Politiques ; & Ferdinand fut de

(61) Pierre d'Aragon, dit le *Ceremonieux*. Pierre de Portugal, dit le *Juſticier*. Pierre de Caſtille ſurnommé le *Cruel*. V. Mariana.

(62) V. *la Politique de Ferdinand le Catholique* par Varillas.

la premiere. Je parle ici d'un politique prudent, & non point d'un politique rusé : la difference est grande de l'un à l'autre.

C'est un outrage que le vulgaire fait à la politique, de la confondre avec la ruse. On ne tient alors pour sage que l'homme rusé, & l'on regarde comme le plus sage, celui qui sçait le mieux feindre, dissimuler, tromper; mais on ne fait pas réflexion que le châtiment de ces prétendus sages fut toujours de périr dans leurs propres piéges.

Les petits hommes d'Etat ont en vénération deux Idoles, deux Oracles de la politique ; c'est à sçavoir Tibere & Loüis : ils en surfont la dissimulation & en exaggerent la finesse : pour moi j'attribuë cette réputation de politiques à la fiction de leurs historiens, Tacite (63) & Commines; plûtôt qu'à l'arrangement si concerté des faits que tous deux ils rapportent de leurs héros.

J'ai toujours tenu pour vaine & pour malheureuse, leur politique, puisqu'elle les amena l'un & l'autre au dernier risque de perdre leur Couronne, Tibere pour le mépris que l'on conçut de

(63) Ne faisons point une mauvaise querelle à Gracien sur sa comparaison de Tacite avec Commines: nous supposons qu'il ne l'a pas crûë complette. Car qui est-ce jusqu'à présent qui a entendu tout Tacite? Personne: certainement s'il revenoit en ce monde, & que quelqu'un lui dit qu'il l'entend, il répondroit comme un Auteur Espagnol à un Seigneur François: Je vous suis obligé, Seigneur, d'entendre ce que j'ai écrit dans cet ouvrage; car pour moi je ne l'entens pas. L'*Homme de Cour* auroit eû une semblable réponse & un pareil remerciement à faire à tous ceux de son temps qui disoient l'entendre. Pour moi j'avouë avec franchise que l'Homme de Cour m'a toujours paru plus difficile à traduire, que Gracien même.

de lui, Loüis pour la haine qu'il s'attira : Ce qu'ils ne purent par la réputation, ils le prétendirent par l'affectation des belles qualitez ; & ce que l'amour de leurs vertus eût dû faire, ils entreprirent de le devoir à la crainte de leurs cruautez.

Tibere en vint à l'extremité du désespoir : tout le monde l'abandonna, au moins d'affection : lui-même il se condamne au bannissement dans une Isle, où il meurt vivant, pour le dire ainsi : affreux genre de mort : Ce fut un avantage à Caligula & à Neron d'être réellement morts, pour ne point sentir des outrages posthumes : mais (64) Tibere

(64) Gracien sembleroit d'abord penser de Tibere à Caprée ce qu'en pensoit en effet Sejan le favori de ce Prince. Cependant l'Empereur instruit de tout dans sa retraite, & en particulier de l'insolence de Sejan, ordonna au Sénat d'infor-

mort à l'autorité, reſte ſenſible aux mépris.

Ce n'eſt point une vraye habileté que celle dont les effets dégenerent. Les œuvres ſont les preuves réelles d'un bon jugement. Politique futile que celle qui s'évapore toute en ſubtilitez fantaſtiques. Communément les Princes qui ont affecté le rafinement n'ont enfanté que des chimeres, sans recuëillir aucun profit.

O que Loüis IX. fut un bien meilleur politique que Loüis XI. ſans tant de metaphyſique, ni de ſouterrains. Le ſaint Roy éloigna de la France la guerre

mer de ſa conduite, & de le traiter ſelon ſes mérites. Tibere n'étoit pas *mort à l'autorité* ſur cet article, & Gracien certainement n'a pas ignoré l'acte de cette même autorité. A l'ordre du Prince, l'indigne ſujet fut dans le même jour accuſé, condamné, étranglé.

comme naturelle ; & à la gloire de son surnom de TRES-CHRETIEN, il la porta en des contrées ennemies du Seigneur : ses successeurs la ramenerent en France : & depuis elle y a continué, tantôt contre leurs propres sujets, tantôt contre des Etats voisins & Chrétiens avec aussi peu de fruit que de bonheur. Au lieu que s'ils avoient suivi les traces de leur saint prédecesseur, le nom de Mahomet seroit aujourd'hui oublié dans l'Europe, dans l'Afrique & dans l'Asie : Voici un point de vûë, & bien frappant & bien triste : c'est que maintenant la guerre soit allumée dans toute la Chrétienté, & que la paix regne dans tout le Paganisme ; c'est que toute la Chrétienté soit baigné dans son propre sang, & que tout le Paganisme nage dans les délices.

La vraye (65) politique, ce fut celle de Ferdinand : politique solide, qui ne s'évanoüissoit pas en de vains phantômes : utile, qui lui soumit chaque année un Royaume ; honorable, qui lui mérita le surnom de *Catholique*. Il les conquit à Dieu ces Royaumes ; il les lui conquit ces Couronnes comme autant de trophées de la Croix, ces Provinces comme autant de champs

(65) Il faut toujours se souvenir que ce n'est point l'histoire, mais le Panegyrique de Ferdinand que Gracien fait. Or le genre sublime, le Panegyrique admet des expressions un peu poëtiques pour donner plus d'ame aux pensées, des *metaphores*, des *allegories*, des *exaggerations* mêmes, pourvû qu'elles n'alterent pas le fond de la verité. Au reste, le panegyriste représente ici ce que toute la terre sçait qu'il y eut de plus grand dans son héros ; c'est à sçavoir, la conquête de Grenade, la conversion des Infidelles à la Foy, le bannissement général des Juifs, de toute l'Espagne. Le champ est riche pour un éloge.

de la foy : en un mot il réünit, il concilia le Ciel avec la terre.

Ferdinand eût de grandes qualitez, & des occasions auxquelles il sçut les ajuster. Plusieurs Princes ont eû des qualitez excellentes ; mais les occasions pour les mettre en œuvre, leur ont manqué. D'autres au contraire ont eû des occasions ; mais les talens leur ont manqué pour en profiter : je ne sçai lequel des deux, je dois croire un malheur plus grand. Ferdinand ne rechercha, ni ne força les occasions ; son étoile heureuse les lui offroit. Quelques-uns vont sans cesse comme à la découverte des occasions ; pour en trouver, *ils remuënt Ciel & terre*, dit le proverbe : & de tout cela, il ne leur revient qu'un accablement de tristesse.

La plus grande qualité dans

Ferdinand, & la lumiere de toutes ses autres, ce fut une capacité prodigieuse ; fondement sûr de l'élevation d'un Roy.

Le monde sera heureux, (66) a dit Platon, & Valere Maxime après lui, lorsque les sages commenceront à regner, ou lorsque les Rois commenceront à être sages. Le premier attribut d'un Roy, celui qui le constituë Roy, c'est une grande capacité ; & le Roy qui l'a, est un Roy essentiel. La tête est dans l'homme, non pas seulement cette partie supérieure qui frappe nos sens ; mais elle y est encore & surtout, le siége de l'ame. Un Prince devient-il Roy : dès-là le caractere qui doit le désigner, c'est d'être

(66) Gracien se sert en cet endroit de quelques termes qui sont tellement du génie de sa langue ; que nous avons été forcez d'y en substituer d'autres, pour rendre équivalemment son texte.

la Tête, c'eſt d'être l'ame de ſon Etat.

C'eſt la capacité qui fait les grands hommes, & l'incapacité qui fait les monſtres : l'une fait un Ceſar qui établit la Monarchie ; l'autre un Galien qui la perd : l'une inſpire à Cyrus du courage pour des travaux glorieux ; l'autre inſpire à Darius l'oiſiveté, & la molleſſe : de l'une naiſſent dans Pelage (67) toutes les bonnes qualitez ; de l'autre naiſſent toutes les mauvaiſes dans Roderic: de l'une des hauts faits dans Romulus, de l'autre

(67) Pelage premier Roy de Leon, nommé le *Saint*, ſe mit à la tête des Chrétiens retirez dans les montagnes des Aſturies : Reconnu pour Roy par ces réfugiez, il prit les armes contre les infidelles, vainquit les Maures, & jetta les premiers fondemens des Royaumes des Aſturies, de Leon & d'Oviedo. . . . Nous avons parlé ailleurs de Roderic, lequel ſe perdit par ſes violences.

des horreurs dans Tarquin.

Tous les Princes éternisez dans la liste immortelle de la gloire, ont été des personnages d'un grand fonds ; sans quoi il n'est point de vraye grandeur.

Ce fonds au reste ne s'acquiert point ; il naît avec nous ce don excellent, ce don parfait qui *vient du Pere des lumieres* : Il croît cependant par l'industrie, & il se perfectionne par l'expérience.

La capacité est le fondement de la politique, de ce grand art de regner qui ne réside que dans les Princes d'un grand jugement ; dans un Loüis XI. de France, dans un Mathias Corvin de Hongrie, dans un Maximilien Empereur, dans un (68)

(68) Batori Prince Transylvain, qui fut mis sur le Trône de Pologne, qu'Henry III. de France quitta pour monter sur celui des Lys.

Etienne

Etienne Batori de Pologne; dans un Ferdinand d'Eſpagne.

La capacité eſt le centre de la prudence ; ſans elle, ni l'emploi, ni l'exercice, ni les années ne font jamais des maîtres : avec elle, jeune on eſt âgé ; ſans elle, âgé l'on eſt jeune : Elle mérita à l'Empereur Othon III. le plus magnifique des ſurnoms, je veux dire, d'être appellé la *Merveille du monde.* A onze ans il fut élu Empereur ; & il juſtifia bien les ſuffrages : ſes raiſonnemens certains lui tenoient lieu de cheveux blancs : tous admirerent dans deux luſtres d'âge un ſiécle de maturité.

Au reſte, la capacité ne fut jamais à ſon dernier comble, ainſi que dans Semiramis ; laquelle fonda Babylone, commanda à l'Aſie, & regna quarante ans ſous la reſſemblance d'un Héros. Elle entreprit d'être homme, pour le dire ainsi, en se débaraſſant de tout l'attirail des atours incommodes des femmes ; mais ces déguiſemens n'euſſent jamais ſuffi pour diſſimuler ſon ſexe, ſi ſa capacité au ſouverain point ne l'eût pas démenti.

L'union de la capacité & de la valeur eſt comme une double colonne ſur laquelle eſt appuyée la réputation : néanmoins la capacité prévalut toujours à la valeur dans la concurrence. Charles V. en France fut nommé le *Sage*, non point par rapport aux Sciences ; mais parce qu'il ſçut regner ; ce qui eſt la vraye ſcience des Rois : ſans endoſſer la cuiraſſe, il reprit toute la France, déja preſque toute ſoumiſe à une Puiſſance étrangere ; & ſans deſcendre de ſon Trône, il repouſſa les Anglois dans leur Iſle.

Pour cela il faut un grand fonds ; il faut l'intelligence d'un Juſtinien, la politique d'un Loüis, la prudence d'un Philippe II. Que prétendoit Galien qui n'égaloit aucun de ſes Princes en rien, & qui les ſurpaſſoit de beaucoup en ſtabilité ? C'étoit vouloir garder le Palais, mais non l'Empire.

Du ſçavoir & de la valeur ſe forme un Prince parfait : Un Moyſe, pour être Legiſlateur, & Conducteur du Peuple de Dieu : Un David vaillant pour défendre le culte du Très-haut, & ſçavant pour en célébrer la gloire : Un Ceſar pour la plume & pour l'épée : Un Ageſilaus (69) Lacédémonien, dont les Sen-

(69) Plutarque a écrit la vie de cet Ageſilaus, Roy de Sparte : elle mérite d'être lûë par les grandes inſtructions qu'elle renferme pour les Rois. V. Amyot.

tences mériterent la premiere place dans le Livre des Sages, & les hauts faits dans celui des guerriers : Un Constantin le grand, tantôt appuyant les saints Conciles, tantôt commandant les Armées ; Un Justinien qui dicte des loix, & qui manie les armes : Un Mahomet (70) second qui mêle l'étude des Livres aux conquêtes : un Alphonse le Magnanime, tantôt dans le réduit paisible des Muses, & tantôt dans le champ tumultueux de Mars : Un Ismaël Sophi dont le surnom de SAGE fût comme la devise de son épée victorieuse : Un François I. toujours environné de Sçavans & de Guerriers : Un Philippe second d'Espagne, lequel commença par la valeur, & finit par la prudence,

(70) Un Prince Ottoman qui consacre à la lecture ses heures de loisir est un exemple rare.

Cette prudence que l'on ne ſçauroit aſſez exaggerer ſuppoſe deux qualitez éminentes, qui ſont la vivacité d'intelligence, & la maturité de jugement: l'une précede la réſolution; & l'autre eſt comme l'aurore de la prudence même. Venons au détail.

Un Prince éclairé: Caſimire le Grand, Roy de Pologne, préſent à tout en un inſtant, ſe rendoit maître de tout par ſes lumieres; afin de l'être enſuite par ſes forces. Auguſte s'imprima bien d'abord dans l'eſprit l'état de tout l'Empire; & après cela il le portoit, pour le dire ainſi, ſur le poing. Il ouvroit & fermoit à ſon gré les portes de Janus; ce qui étoit la même choſe qu'à avoir en ſa main les clefs de l'Univers: Arbitre de la guerre & de la paix. Jacob (71) Alman-

(71) L'éloge de ce | héros de l'Afrique ſe

zor l'Africain, par son autorité & par sa réputation étoit dans toutes les parties de l'Etat, parce qu'elles étoient toutes dans lui, par la connoissance qu'il en avoit.

Un Prince prudent; dont le grand jugement est comme la pierre de touche de tout grand fonds. Theodose pesoit les talens : Antonin mesuroit les mérites, Sisebut le Goth les apprécioit, Alphonse les examinoit : Justinien élevoit des subalternes non au hazard, mais avec choix: Capitaines dignes de l'Empire, & lui encore plus. Antonin (72) Empereur partageoit les em-

trouve dans l'*Art de regner* : Par le P. le Moyne, Jesuite.

(72) Les deux Antonins furent successivement redevables de l'Empire à Adrien lequel adopta lui-même le premier, sous cette condition, que celui-ci adopteroit l'autre; sçavoir, Marc Aurele Antonin.

plois, diſtribuoit les charges, après un ſevere & judicieux examen; ſans égard à la bonté facile de ſon cœur.

Un Prince qui ait de la ſagacité : Un Argus qui prévient tout : un Janus qui voit tout à double face : Un fonds inépuiſables en reſſources, & en reſerves : Les ſiens le reſpectent, les étrangers le redoutent ; tous ont les regards ſur lui ; parce qu'il a les yeux ſur tous.

Un Prince pénétrant. Il découvre plus de pays d'un ſeul coup d'œil que ne font les autres avec leurs continuelles obſervations. Rien ne ſe cache à qui pénétre tout : Rien n'échappe à qui ſaiſit tout. Henry IV. Roy de France avoit une pénétration tranſcendante, qui prévenoit les intentions mêmes, qui perçoit l'ame la plus profonde, qui ſçavoit faire l'anatomie des eſprits, des caracteres & des inclinations.

Un Prince vif; qui voit tout, qui entend tout, qui preſſent tout, qui touche tout au doigt, pour uſer de cette expreſſion. Veſpaſien ne ſe laiſſoit pas ſurprendre aux déguiſemens de la verité qu'il entendoit, à la fauſſeté des rapports, aux ſupercheries de l'adulation : éceüils ordinaires des Rois.

Un Prince attentif; qui ne dort, ni ne laiſſe dormir ceux qui l'aident à être Roy, les Puiſſances inférieures de ſon Etat. Le Lion, ſoit qu'il veille, ou ſoit qu'il dorme, a toujours les yeux ouverts, ou réellement ou apparemment. O quelle fut l'attention du prudent Philippe. Voici ſur cela ſa comparaiſon familiere, ſi ſouvent répétée, & encore mieux obſervée par lui-même : c'eſt du métier d'un Tiſſerand avec le Trône ſur lequel eſt aſſis le Prince : *Le Prince doit être auſſi attentif à l'Etat que le Tiſſerand l'eſt au fil qui ſe rompt aiſément.*

Un Prince ſenſible ; que les pertes affligent, & pénétrent de douleur. Quelques-uns ont fait de l'indolence une raiſon paradoxe d'Etat ; & de l'inſenſibilité, une magnanimité. La nature ſage nous a formez ſenſibles, moyen unique de nous conſerver; & la politique demande que les Rois le ſoient.

Qui ne déteſteroit pas la ſtupidité de Galien? Les triſtes nouvelles de Provinces révoltées, de Royaumes perdus au nombre de plus de vingt, ſe ſuccedoient ſans interruption les unes aux autres : Galien tranquille, à ces nouvelles répondoit : Hé quoi ? Ne nous passerons-nous pas bien des légumes d'Egypte ? Qu'avons-nous besoin à l'heure qu'il est des chanvres de la Gaule ? Honteuse insensibilité ! Un Prince a grand soin que les figues soient toute l'année vertes : & il ne s'embarasse pas que l'Empire soit florissant ? Il cherche des moyens pour faire durer les raisins deux ou trois ans ; & il souffre que la Monarchie périsse. Cependant il ne manquoit pas d'adulateurs misérables, qui honoroient sa stupidité du beau nom de constance, & sa barbarie de celui de grandeur d'ame : l'audace de *ces pestes de Cour* va jusqu'au point, d'estimer une finesse exquise de politique, ce qui est une détestable nonchalance. Il n'est point de Prince qui tant qu'il vit ne soit qualifié héros par ſes flatteurs, & toleré par les autres ; mais après cela vient le temps de l'incorruptible verité qui rend juſtice.

Auguſte étoit ſans doute magnanime ; ſon nom étoit comme le ſymbole de ſon grand cœur. Et cependant, à quel excès de douleur ne le réduiſit pas la défaite des Légions Romaines en Germanie ? Il frappoit des pieds la terre, il ſe heurtoit la tête contre les murailles ; & répétoit à haute voix ces paroles : Qu'avez-vous fait de mes Légions, Quintilius Varus ? Rendez-moi mes braves Soldats ? Quelles marques vous m'avez donné d'un Général habile & valeureux ! On ne vit Auguſte, ni rire pendant quelques mois, ni manger durant quelques jours. Oüy, voilà la vraye politique, & qui n'eſt point contraire à la Majeſté.

Jamais Roderic ne pensa que sa perte fût si avancée, ni Roboam, qu'il touchât de si près à la sienne. Dom Juan de Labrit (73) perdit sa Couronne, & (74) Astiagés son Diadême, lorsqu'ils y pensoient le moins l'un & l'autre.

Le Prince que je viens de peindre, éclairé, prudent, plein

(73) Dom Juan *de Labrit*, c'est Jean d'Albret dont Ferdinand tout-à-coup & sans raison envahit les Etats. Charlequint au lit de la mort recommanda à Philippe II. son fils, de restituer la Navarre ; Philippe II. au lit de la mort ordonna à Philippe III. la même restitution : & la Navarre est encore à nous revenir. Tel est le sort ordinaire des restitutions que l'on fait, lorsqu'il faut mourir.

(74) Cyrus petit-fils d'Astiagés détrôna ce Prince, pour l'avoir voulu faire mourir dès son enfance ; & pour avoir forcé le conservateur d'une tête si chere à manger de la chair de l'un de ses propres enfans. Néanmoins Xenophon pense autrement de Cyrus, & prétend qu'il parvint à la Couronne par la voye ordinaire d'une succession suivie.

de ſagacité, de pénétration, de vivacité, vigilant, ſenſible, ſage en un mot; c'eſt Ferdinand le Catholiqne: Roy d'une capacité la plus étenduë, prouvée par les faits, exercée en tant d'occaſions. Sa ſcience lui fut utile, & bien qu'il excellât en valeur, il uſa de dexterité. Ferdinand ne fut pas préciſément heureux, il fut prudent: la prudence eſt la (75) mere du vrai bonheur: elle eſt ordinairement heureuſe, ainſi que l'imprudence au contraire eſt malheureuſe: Tous les Rois très prudens furent très heureux de cette ſorte.

A quoi ſert un grand fonds

(75) „ En bonne „ Philoſophie, dit „ Gracien dans ſes „ *Maximes*, il n'eſt „ point d'autres arbi- „ tres de la deſtinée „ de l'homme que la „ vertu & la condui- „ te. On n'eſt heu- „ reux ou malheu- „ reux, qu'à meſure „ de ſa ſageſſe: ou de „ ſon imprudence.

dans Dom (76) Juan II. de Castille, si l'application lui manque? Que (77) Childeric par incapacité laisse tout soin avec la Couronne même; on lui en sçait bon gré; il prend pourlors le meilleur parti. Mais, que (78) Tamas de Perse ensevelisse dans l'oisiveté & dans le vice un génie excellent; c'est ce qui est digne d'éxécration.

En tout art un talent médio-

(76) Dom Juan eut affaire aux Rois de Navarre d'Aragon & de Grenade: il réduisit les deux premiers à lui demander la paix, vainquit le dernier, & prenoit Grenade, s'il eût eu autant d'attention à la conduite de l'un de ses favoris qui le trahissoit, qu'il eut de mérite pour la guerre. V. Mariana.

(77) On ne demanda pas à Childeric, s'il vouloit ou non abdiquer, & se faire Moine: la vocation pour l'un & pour l'autre lui fut donnée par voye de fait, en l'enfermant dans un Cloître.

(78) Tamas fils & successeur du grand Ismaël Sophi laissa les Tartares & les Turcs s'emparer des belles Provinces de la Perse.

cre réüssit davantage avec l'application, qu'un rare talent sans elle. La présomption est la mere de la négligence, & la négligence est la peste des emplois importans. Vespasien vouloit que la mort ttrouvât debout un Roy & expédient les affaires : quelle doit être sa vie ? La paresse dans un Prince est un vice au-dessus de tous les autres, soit de l'appetit (79) *irascible*, ou soit de l'appetit *concupiscible*. Plusieurs ont été de grands Rois, moins par leurs grandes qualitez, que par leur présence à tout, digne de loüange.

Le Grand Mogol d'Asie ne se refuse pas aux dépêches dans les heures de ses plus grands di-

(79) Termes de Morale, *L'appetit irascible* est celui qui nous porte à craindre & à éviter le mal. *L'appetit concupiscible* est celui qui nous porte à désirer le bien & à le chercher.

vertissemens; & mêle au spectacle des bêtes l'audience à ses Sujets : il prête aux jeux ses regards, & se reserve les oreilles libres pour écouter les affaires.

C'est un mal, (80) qu'Amulius & Denis veüillent être Rois ne l'étant pas; mais que Ladislas (81) de Pologne, & Edoüard d'Angleterre étant Rois, ne veüillent pas l'être, c'est encore pis : J'appelle

(80) Amulius frere puisné de Numitor qu'il détrona.... Denis I. de ce nom : Tyran de Syracuse, fameux par ses cruautez & par ses impietez.

(81) Ladislas III. eût une telle condescendance pour ses troupes, qu'elles commirent impunément toutes sortes de désordres dans le Royaume : les peuples poussez à bout déclarerent Ladislas déchu de la Couronne qu'ils offrirent à Venceslas Roy de Bohême, lequel l'accepta, & regna jusqu'à sa mort... Edouard second s'étoit tellément livré à Gaveston & aux Spencers ses favoris, qu'ils le perdirent par leurs conseils pernicieux. Revolut. d'Angleterre par le P. d'Orleans.

pelle l'un une tyrannie, & l'autre n'a point de nom.

L'application & le génie se réünirent dans Ferdinand pour former un Roy parfait, un très grand Monarque : Il regna quarante années, dont il n'y en eut pas üne seule de perduës. Il fit plus que quarante (82) Rois ensemble.

Un Sceptre est comme l'arbre couronné qui donne pour fruits des hauts faits : la nature sage attend chaque année un fruit de ses plantes : la Renommée en attend plus de ses héros.

Un figuier sterile occupe

(82) L'éloge est un peu outré ; on ne le pardonneroit pas à Gracien, si son Ouvrage étoit une histoire & non point un panegyrique : il a trouvé & il a adopté une rencontre de mots entre les *quarante Rois*, & les *quarante années* du regne de Ferdinand. Ciceron même a fait des allusions, des pointes encore pires. Un Auteur sans défaut est encore à naître.

vainement le terrain, & un Prince inutile, le Trône : il ne sert que d'obstacle à un autre dont le bras fécond en lauriers rempliroit de gloire le Royaume.

Alcide attachoit tous les ans un trophée au portail de la Renommée ; tantôt c'étoit un Lion, tantôt c'étoit une Hydre : Héros feint, sur lequel les anciens ont imaginé un vrai Prince toujours obligé à des entreprises nouvelles, & glorieuses.

Ferdinand le Catholique par ses belles actions en plus grand nombre que ses jours fut l'Hercule véritable : Il gagnoit chaque année un Royaume : il eut celui d'Aragon par héritage, celui de Castille par dote, par sa valeur celui de Grenade, les Indes par son bonheur; Naples(83)

(83) Dans le temps même que sur la parole de Ferdinand, l'on négocioit pour

par induſtrie, la Navarre par Religion ; (84) & le tout par ſa grande capacité.

regler les limites d'Italie entre les François & les Eſpagnols, ceux-ci attaquent bruſquement les premiers, les repouſſent étonnez, & les chaſſent de l'Italie. Le grand Capitaine Gonzales de Cordouë fut l'inſtrument de cette expedition *induſtrieuſe*. C'eſt à peu près ſur un pareil fondement que notre Baltazar va bientôt dire : „ Ferdinand attaquant toujours „ les François, il les „ vainquit toujours, „ & ne s'en laiſſa jamais prévenir. Mais ces dernieres paroles qui expriment aſſez *la poudre ſourde* du Roy Catholique, ſont, ce ſemble, un correctif ſuffiſant de ce que les précédentes ont un peu trop de fanfaron.

(84) Ferdinand avoit ſuſcité une guerre à la France par Henry VIII. Roy de la grande Bretagne : tandis que celui-ci embaraſſoit le Roy *Très-chrétien*, Ferdinand *le Catholique* ſe rendoit maître par ſurpriſe, du Royaume de Navarre. Toute l'Europe ſçait que Ferdinand tâcha de juſtifier cette uſurpation par une Bulle du Pape ; & toute l'Europe ſçait auſſi que jamais uſurpation ne fut plus réelle : les Hiſtoriens mêmes Eſpagnols ont déſeſperé de perſuader que l'invaſion de la Navarre fut légitime.

Les entreprises d'un Roy ; toutes dignes de lui ; different d'ailleurs entr'elles: les unes sont de choix, les autres sont d'occasion ; c'est à celles-ci qu'il faut se porter, comme faisoit Etienne *le Saint* premier de Hongrie : il faut laisser les autres qu'Alexandre le Grand se proposoit selon son goût ; & à l'exemple du valeureux Alexandre (85) *Severe* exécuter celles que demande la nécessité.

Ainsi Gustave I. de Suede ; ni Alphonse de Naples le Magnanime ne mesuroient pas toutes leurs entreprises sur leur valeur ; car il y en a beaucoup d'un autre genre, & qui font quel-

(85) Alexandre fut l'un des Princes les plus parfaits en chaque genre de mérite : le surnom de *Severe* lui fut singulierement attribué ; parce que la discipline militaire s'observa sous lui, avec la derniere rigueur.

quefois plus de réputation que les militaires. Justinien acquit plus de gloire par l'établissement des Loix qu'Aurélien par les armes. Ferdinand se signala plús par son zèle pour la pureté de la Foy, & par le bannissement des Juifs de toute l'Espagne, que par la fondation de sa Monarchie, & par l'empire qu'il lui acquit sur tant de Nations.

Les entreprises de valeur dans Charlequint furent éclatantes; celles de Philippe II. pour la Justice, nécessaires; celles de Philippe III. pour la Religion, glorieuses; celles de Philippe IV. pour le Gouvernement, héroïques : & elles s'exécuterent toutes auparavant chacune dans leur genre par Ferdinand seul.

Un Roy doit ignorer le loisir; parce que ses actions sont grandes : lorsque le temps de celles-ci eſt paſſé, il faut qu'il ſe tourne à celles-là. Ceſar, l'homme d'un eſprit le plus étendu & le plus fécond, ſçavoit parfaitement cette maxime. Lorſqu'il n'eut plus de Provinces à ſoumettre, il entreprit d'aplanir les montagnes : après avoir preſcrit des Loix aux hommes, il eſſaya d'en preſcrire aux Fleuves & aux Mers : après avoir calmé l'Univers il s'appliqua à réformer le cours (86) du temps. Caius (87) Velleïus homme pro-

(86) *Reforma le cours du temps*, c'eſt-à-dire *le Calendrier*. On définit le Calendrier : une diſtribution politique que les hommes ont ajuſté à leurs uſages ; un ordre des jours, des heures, des ſemaines, des mois, &c. Le Calendrier Romain doit ſon origine à Romulus, &c. L'occaſion ſeroit belle ici de ſe donner pour un *Savantas* ; on n'auroit qu'à ramaſſer ce que diſent les Dictionnaires ſur les divers changemens de tous les Calendriers.

(87) Velleïus fut Lieutenant Général de Tibere dans les Armées d'Allema-

fond, n'a pas manqué de bien obſerver que les fonctions militaires de Ceſar étant finies, il finit auſſi lui-même, & la mort qui l'épargna durant tant d'années de périls dans la guerre, le retrouva en l'eſpace de cinq mois dans le ſein du repos.

Les actions s'invitent, ce ſemble, les unes les autres; & l'execution par un même enchaînement ſucceſſif s'en facilite. Soliman blanchit dans les entrepriſes continuées pendant quarante années de ſon floriſſant Empire. La premiere année il s'aſſura l'Egypte, & la ſeconde il entama la Hongrie. Il ne ſe contenta pas de la priſe de Rhodes; il aſpira bientôt à celle de Malthe;

gne, de Hongrie, &c. Le ſentiment de Juſte-Lipſe eſt que l'on fit mourir ce grand homme avec les amis de Sejan, duquel il avoit parlé avec éloge.

& s'il ne s'en empara pas, tout-à-fait, ce fut parce que l'assistance d'une si bonne tête manqua à ses deux puissans bras (88) désunis. Ses Serrails étoient des Royaumes subjugez, & ses plaisirs étoientdes triomphes méritez. O Monarque d'un grand génie.

Lorsqu'un Prince commence à se nourrir de succès guerriers; il n'est plus sans quelque nouvelle occupation héroïque. De cette sorte le Cesar des Espagnols Charles passoit comme pour se délasser, d'une expédition militaire à l'autre : après avoir humilié les Hérétiques, il alloit réprimer les Turcs : après avoir fait un Roy son prisonnier, il

(88) La mésintelligence de Mustapha & de Piali, les deux Lieutenans généraux de Soliman, fut le salut des Malthois. V. le P. Bouhours. *Hist. du grand d'Aubusson.* Et l'Abbé de Vertot. Hist. *de l'Ordre Militaire*, &c.

il en alloit repousser un autre. Et les Conquêtes de l'Afrique étoient comme ses vacations par rapport aux affaires de l'Europe.

Voilà le digne emploi des trésors royaux. Mal employez furent les millions de Neron & de Caligula : au lieu que les Maravedis de Dom Jayme d'Aragon furent bien placez.

Quand les entreprises sont utiles, elles restituënt avec usure, les avances, les emprunts. Les Rois de Portugal ont réüssi merveilleusement en ce point, acquerant à la fois, & des richesses, & de la gloire.

Ferdinand s'interdisoit habilement les entreprises, à pure perte, & qui n'ont qu'un certain aheurtement pour principe : Tombeaux des sujets, abîmes des trésors de l'Etat : Telles étoient les entreprises des Pedres de Castille & d'Aragon, dont une jalousie opiniâtre étoit de part & d'autre la source ; sans égard aux convenances : aussi la fin de pareilles entreprises fut la perte des deux Rois, & la ruine des deux Royaumes.

C'est comme (89) rechercher une femme pauvre & sterile, que Charles VIII. sans aucuns fonds prétende à la Renommée ; & entre les deux extrémitez à choisir, c'est d'être tout simplement un Prince ; plûtôt qu'un ambitieux inutilement.

Henry IV. de France motivoit par mille convenances une

(89) A la fameuse journée de *Fornoüe* Charles VIII. commandoit lui-même son armée : les ennemis dix contre un, bien preparez, avantageusement situez, frais, seurs de vaincre furent taillez en pieces par les François soutenus de la présence de leur Roy, qui montra dans cette action des prodiges de prudence & de valeur. Ann. de Godefroy, &c.

entreprise, & après en avoir bien concerté l'utilité *intrinseque*, il la sacrifioit quelquefois à des circonstances : Rien n'assure davantage le salut d'un Royaume, que de le purger de ses humeurs corrompuës ou surabondantes : Faute de conquêtes, quelques États se sont fort affoiblis par des séditions intestines. Grand Aphorisme : *Faire du poison même un Antidote.*

L'oisiveté fut comme la roüille de la félicité persévérante dans l'Espagne ; & la source éternelle de tous les vices dans Rome. Il n'est point d'ennemis pires, que de n'en point avoir : Sentence admirable de Metellus au sujet de Cartage, & dont une funeste expérience fit connoître la verité. Les Ottomans avoient coutume de n'être point sans guerre: changeant d'ennemis ils en refroidissoient la valeur par la suspension, & en affoiblissoient l'expérience par l'oubli ; tandis que de leur côté ils conservoient (90) toujours une milice florissante.

La puissance militaire est la base de la réputation d'un Etat : Un Prince sans troupes est un lion mort, à qui les liévres mêmes insultent.

Ferdinand ne licencia pas ses escadrons après sa vieille guerre finie en Espagne : son propre principe se tourna en expérience par l'exemple du nonchalant Roderic : il porta tellement ses armes hors de l'Espagne, qu'il en fit au même temps comme une haye vive pour ses Royau-

(90) C'est ainsi qu'en France, le Monarque a toujours de bonnes troupes sur pié. Et aujourd'hui, cent cinquante mille hommes au moins, sortiroient du sein de la paix, & se trouveroient prêts dans un besoin.

mes : Ce n'étoit là que changer de camp en quelque sorte.

Il connut & sçut mettre à tout son prix sa grande puissance : il avoit comme tâté le poux à ses forces, il sçut en faire usage ; il avoit sondé celle de ses ennemis, & il sçut les prévenir. En tirant les Espagnols de leur pays pour des Provinces étrangeres, il les transforma en lions : attaquant toujours les François, il les vainquit toujours ; & ne s'en laissa jamais prévenir : il connoissoit à fond le génie des Nations differentes, & les prenoit chacune par leur côté foible.

Mais le caractere distinctif de ce grand politique, c'étoit de faire toujours la guerre *avec de la poudre sourde :* c'est-à-dire, sans le bruit inutile & dangereux qu'il armoit ; sans aucune marque éclatante de quelque entreprise : ces sortes de préparatifs avertissent les ennemis, irritent les Princes neutres, & alarment tout le monde. Sans faire le Prince entreprenant, il attaquoit une Place en Afrique, un Royaume en Espagne, une Isle sur l'Ocean, une Ville en Italie ; & tout cela avec la vîtesse d'un Lion. Il n'eut jamais son pareil pour connoître l'occasion d'une entreprise, le temps propre pour une négociation, la saison de chaque chose.

A toutes les affaires importantes du dedans de l'Espagne il s'y trouvoit en personne ; ou bien dans celle de sa compagne (91)

(91) La Reine Isabelle eût trop de part à la gloire de Ferdinand ; pour n'avoir pas quelque place dans nos remarques : Gracien luimême nous en offre une dans sa Maxime CCLXV. intitulée par l'*Homme de Cour* imaginaire, *Sçavoir engager des dépendans* ; & dont le vrai titre est : *Sçavoir hazarder des sujets.*

„ Une entreprise „ risquée dans l'oc-

héroïque, si capable de le remplacer.

Question célébre dans la politique; sçavoir, si le Prince doit être dans le centre de l'Etat par sa présence, & de là dans toutes les parties par sa puissance & par son habileté: ou bien si semblable au Soleil il doit parcourir tout l'horison de son Empire,

„ casion, a souvent „ fait un grand homme; ainsi qu'un „ danger pressant fait „ un bon nageur. De „ cette sorte plusieurs „ ont découvert leur „ valeur & leur capacité, qui auroient „ été dans les ténébres, si l'occasion „ ne les en avoit tirez. „ Le peril est un aiguillon de la gloire: „ & une ame noble, „ en des hazards „ d'honneur, fait plus „ que mille autres. „ La Reine Isabelle „ de Castille, eût au „ souverain degré, „ comme toutes les „ grandes maximes, „ celle de mettre des „ sujets dans l'occasion: le Grand Capitaine dut son surnom à cette distinction de politique; „ & sa gloire immortelle fit ensuite plusieurs grands hommes par le même „ moyen „. On voit qu'Isabelle va tout au moins de pair avec Ferdinand pour la politique.

l'éclairant lui-même, le vivifiant dans toutes les parties par ses influences, pour user de ces termes. Il se trouve ici de fortes raisons, & des exemples considérables pour l'une & pour l'autre conduite.

Tous les Princes entreprenans, & qui ont fait de grandes choses ont paru en personne dans les entreprises. Ainsi Alexandre le Grand en dix années réduisit la Grece, asservit la Perse, dompta la Scythie, ravagea l'Inde, conquit l'Orient, remplit de terreur l'Univers & de son nom la posterité. Jules Cesar obtint cinq Triomphes; le Gaulois, ayant subjugué les Gaules, conquis l'Angleterre, réfréné la Germanie, l'Alexandrin, par la défaite de Ptolomée; l'Africain par la déroute de Juba; celui de Pont par l'humiliation de

Pharnace ; celui d'Espagne par l'extinction des restes de Pompée. Annibal à vingt ans força Sagunte , vainquit cinq Généraux & trois Consuls Romains, & à la bataille de Cannes quatre-vingt dix mille Sénateurs. Auguste le Magnanime termina heureusement cinq guerres civiles , réduisit douze Nations barbares ; & toutes les parties du monde lui envoyerent leurs Ambassadeurs & leurs presens. Trajan poussa les limites de l'Empire du côté du Tygre & de l'Euphrate. Charlemagne établit sa Tetrarchie , & ceignit de trois Couronnes ses vénérables cheveux blancs. Mahomet conquit deux Empires , douze Royaumes, & plus de deux cens Villes. Dom Jayme le Conquerant donna & gagna trente batailles en rase campagne. Cingis se soumit neuf Royaumes, & en désola neuf autres. Othon I. fit la guerre pendant trente années, triompha des Princes d'Allemagne, de Bohême, de Hongrie, & des Berangers en Italie. Tamerlan appellé la terreur du monde ravagea toute l'Asie, fit prisonnier Bajazet, & lui tua deux cens mille Turcs, désola en trois ans l'Albanie, l'Iberie, l'Armenie, la Perse, la Mesopotamie, & l'Egypte. Boleslas, Roy de Pologne vainquit les Prussiens, les Saxons, les Casubiens, les Pomeraniens, Boleslas Roy de Bohême, Jaroslas Duc de Nisie; il se soumit jusqu'aux deux fleuves, le Niestre & la Niepre; & plaça là deux colonnes de métal.

Mahomet Grand Mogol bouleversa l'Asie avec huit cens mille combattans, & situa son Empire entre les deux fleuves, l'Inde & le Gange.

Le victorieux Alonse Enrique I. Roy de Portugal employa quatre-vingts années à combattre les Maures, vainquit en differentes rencontres huit Rois, dont sept furent tuez. Ismaël Sophi conquit la Perse, la Mesopotamie, la Medie, la Cappadoce, l'Armenie & l'Albanie. Charlequint humilia les plus grands Princes du monde : il fit prisonnier le Roy de France, il déconcerta (92) le Turc, il em-

(92) Le récit de ce fait, nous l'empruntons volontiers de Gracien même; parce qu'il le tourne en leçon importante: c'est dans le chap. X. de son *Heros* intitulé : *Sçavoir connoître le caractére de sa fortune*. „ Soliman, dit-il, „ sçavoit la necessité „ de ce discernement ; il en fit usage dans une circonstance où il sentit que malgré tous „ ses succès passez il „ hazardoit trop sa „ gloire avec l'heureux rival à qui il „ avoit affaire. Ce „ rival étoit Charlequint ; la fortune

prisonna le Souverain du Mexique ; dépoüilla l'Inca, mit en déroute le Rois de Tunis & plusieurs autres.

Mais c'est à l'incomparable (93) Semiramis fondatrice de Babylone, que toute admira-

„ alors fidelle à le „ servir, donna de „ l'inquiétude à Soliman, qui fut plus „ frappé du bonheur „ constant de son „ nouvel antagonistes, que de toutes „ les Puissances de „ l'Europe : sans se „ soucier de ceux qui „ ne penseroient pas „ comme lui en pareil risque, Soliman „ prit le sage parti de „ ne se point commettre avec Charlequint ; il laissa „ couler le temps, & „ par des délais adroitement ménagez, il sauva sa „ réputation du péril „ fondé de la perdre. „ François I. Roy de „ France ne se conduisit pas de la „ sorte : son inattention à sa fortune, „ & à celle de Charlequint en compromis avec elle lui „ coûta la liberté „ pour un temps.

(93) Quelque grand Roy que fut la Reine Semiramis, il y a beaucoup à retrancher dans cette histoire ; aussi-bien que dans la description que l'on fait communément de la grandeur de Babylone, &c.

tion se doit terminer : Non contente de la Monarchie si étenduë de l'Assyrie, elle conquit l'Egypte ; elle entreprit la conquête de l'Inde, & à la tête d'un million d'hommes avec deux mille Navires, elle vainquit sur le fleuve le Roy Stabrobates. Dans le temps qu'elle s'accommodoit les cheveux, on lui apporta la nouvelle que Babylone s'étoit révoltée ; & sans achever de s'ajuster, elle vient, elle voit, elle vainc.

C'est ainsi que tous les Princes héros, tous ceux qui se sont distinguez par des choses extraordinaires ont commandé leurs armées en personne. Et c'étoit un proverbe de politique parmi les premiers Ottomans, ces belliqueux renommez ; que la victoire n'étoit point complette, où le Grand Seigneur ne se trouvoit pas.

Les regards d'un Roy sur ses Soldats leur sont des récompenses, & sa présence vaut une seconde armée. Le Roy Dom (94) Pedre le GRAND d'Aragon avec cent hommes & sa seule valeur

(94) Voici de quelle façon Mezeray raconte le fait de Dom Pedre. En cette extremité, dit-il, l'Aragonois s'avisa d'une fourberie assez particuliere pour détourner le torrent qu'il n'eût pû arrêter. Ce torrent c'étoit l'armée formidable des François que Charles d'Anjou, pour vanger les Vêpres Siciliennes, commandoit au nom de Philippe: cette fourberie, c'étoit un cartel simulé que Pedre donna à Charles, lequel l'accepta, se rendit à Bourdeaux au jour marqué, attendit l'Aragonois, qui ne comparut qu'après que Charles fut reparti de Bourdeaux, son rival ayant laissé passer le temps du rendez-vous. Toute cette feinte ne fit que retarder, mais n'empécha pas la conquête de la Catalogne par les François. . . . Il est peut-être plus naturel d'expliquer cet endroit de Gracien par la circonstance du *defilé de Panissar* que Dom Pedre en personne défendoit. Mais Philippe le Hardi s'ouvrit d'ailleurs un passage, & alla faire le Siége de Gironne qu'il prit.

vint s'oppoſer au Roy de France Philippe, lequel entroit en Catalogne avec dix-ſept mille ſix cens hommes de cheval bien choiſis. cent mille hommes de pié bien équipez, cinquante mille pionniers, & huit mille mulets de bagage. Dom Pedre ſuffit pour arrêter quelque temps ce torrent ; & ſoutenu d'un ſecours peu conſidérable il termina les choſes avec Philippe, & avec toute ſon armée. Sardanapale perdit ſa Monarchie opulente en reſtant avec ſes femmes à filer dans ſes infames appartemens. Darius périt par ſa ſomptuoſité exceſſive ; & s'il vint pour s'oppoſer à Alexandre, lors qu'il n'en étoit plus temps, ce fut avec des lances d'or, & des chars d'yvoire. Galien, plûtôt que de perdre une fleur dans ſes jardins, ſe laiſſe enlever vingt

Provinces, & souffre que trente tyrans se soulévent. Roderic se perd dans les délices d'une paix, & périt ensuite dans une bataille. Le négligent Constantin (95) attend dans son Palais l'ennemi, & l'ennemi qu'il ne veut pas aller chercher, vient le chercher à Constantinople.

Les grands Princes, Auguste, Trajan, Theodose revenoient victorieux à Rome; comme au Theatre de leurs triomphes: Tibere, Neron, Caligula, Domitien, Heliogable restoient dans

(95) Constantin XIII. & XV. selon quelques-uns fut le dernier Empereur Chrétien d'Orient. Mahomet II. Empereur Turc attaqua Constantinople par mer & par terre: Constantin au lieu d'aller au devant de lui l'attendit tranquillement dans le sein de sa Capitale, qu'il défendit à la verité avec courage. Mais il y périt; & ayant été reconnu parmi les morts, Mahomet lui fit couper la tête, qui fut portée en triomphe dans tout Constantinople.

Rome

Rome comme dans la fange de leurs voluptez. Le repos qui n'eſt point le fruit de l'action néceſſaire n'eſt pas un véritable repos.

Les deux Loüis, l'un de Pologne & l'autre de Hongrie ont fait un grand tort; auquel Dom Sebaſtien de Portugal a mis le comble par ſa fin tragique : leur imprudence a rendu trop ſages d'autres Princes : ce qu'ils perdirent par un excès d'audace, fait que d'autres le perdront par un excès de crainte.

Je paſſe à l'opinion contraire. La fonction d'un Roy eſt d'ordonner, & non point d'exécuter. Sa ſphere eſt le dais, & non point la tente. Il eſt la tête : & le moindre reptile pour conſerver la ſienne, expoſe piece à piece tout ſon corps. Qui eſt-ce qui approuvera qu'un Prince expoſe sa vie, son Royaume, sa gloire à un caprice du sort ; après tous les exemples & anciens & recens que nous en avons ? Un Valerien Empereur sert d'escabeau des pieds au barbare Sapore : Un Bajazet prisonnier de Tamerlan est mis dans une cage d'or ; punition proportionnée à sa fierté : Un (96) Ladislas malheureux Roy de Pologne, jouët de la fortune, mal conseillé des siens, victorieux vaincu, est haché en morceaux par les cimeterres des Janissaires : Un Dom Alphonse (97) I. disparoît afin que person-

(96) Ladislas après avoir remporté des avantages considérables sur Amurat, fut tué à la bataille de Varnes. Toute l'Europpe regretta ce Prince plein de courage, de religion, de pieté, & digne d'un meilleur sort.

(97) Alphonse fut tué au Siége de Fraga ; & l'on ne sçut ce que devint son corps après sa mort. L'addition de Gracien à ce fait, est une pensée toute Aragonoise.

ne ne se puisse vanter, d'avoir vû un Roy Aragonois vaincu & mort : Un Roy de France, appellé *Grand*, afin, ce semble, que l'Espagne eût un grand prisonnier : Un Dom Sebastien, Soleil de Portugal, que les Lunes d'Afrique éclipsent dès son lever.

Cesar combattit bien pour devenir Empereur : Valerien combattit mal pour cesser de l'être. Almanzor conquit l'Espagne par ses Capitaines, & conserva l'Afrique par lui-même. L'Empereur Charlequint remporta plus de victoires absent, que présent. Quelques Rois se sont trouvez à des batailles pour accréditer leurs Monarchies ; mais quand elles ont été bien établies, il n'étoit pas de la prudence de hazarder ainsi le tout.

L'heureux (98) Manuel de Portugal n'alloit pas chercher des victoires dans l'Afrique, & dans l'Asie; elles lui venoient, & entroient dans son Palais, pour user de ces expressions : l'Orient vint se prosterner à ses pieds.

Mais entre les deux extrémitez, le très prudent Ferdinand trouva un milieu. Il n'étoit ni comme (99) Adrien toujours en mouvement, ni comme Galien toujours en repos.

Il ne fixa sa Cour dans aucune Ville d'Espagne; ou pour ne paroître pas borner en quelque sorte sa Monarchie, dont il am-

(98) Les Portugais nomment le regne d'Emmanuel leur *siécle d'or*. Ce n'est point une exaggeration, que des ambassades des quatre parties du monde venoient à ce Rois *Très-fortuné*.

(99) L'Empereur Adrien passa toute sa vie en de pénibles voyages, qui lui causerent enfin la mort. Galien au contraire passa toute sa vie dans son Palais.

bitionna toujours l'aggrandiſſement; ou par une profonde ſageſſe, de ne pas exalter, ce ſemble, une Nation, & dégrader l'autre. Ce procedé eſt ſi digne d'attention, que les Rois politiques de la Chine ont marqué deux Villes, Pekin & Nankin, pour ſiéges alternatifs de leur grandeur : en cela ils ont eu ſans doute égard à leur propre commodité, l'inclemence des ſaiſons demandant un ſéjour alternatif : mais ils ont auſſi eû en vûë de s'aſſurer davantage de leurs ſujets par une diſtribution égale entre eux des faveurs & des charges.

Néanmoins dans toutes les Monarchies, il y eut toujours comme un centre de l'autorité Royale : Quelques Villes l'ont été, parce que la Monarchie prit dans elles ſa naiſſance. Ainſi

Rome fut la Capitale de son vaste Empire, & puis du monde entier : assemblage de toutes les richesses, de toutes les délices, de toutes les magnificences, de toutes les merveilles de l'Univers : Mere universelle des Nations, laquelle renferma dans ses propres enceintes jusqu'à cinq millions d'ames. Ce que Rome fut par origine, d'autres Villes l'ont été par choix, eû égard aux convenances, tantôt de politique, & tantôt d'œconomie. De cette sorte Constantinople fut le premier siége de l'Empire Chrétien, & ensuite Ottoman : le choix s'en fit par le double principe de la politique & de l'œconomie. Cette Ville Imperiale est dans la plus belle situation du monde, sur les confins de l'Europe & de l'Asie ; elle domine le Pont-Euxin & la Propontide : Clef des deux mers, centre des Provinces de la Thrace; Reyne des Villes de l'Europe par la beauté de son assiete, par la commodité de son Port, par la grandeur de ses Edifices, par la richesse de son commerce, & par la Cour du Grand Seigneur.

Ninive fut d'abord la Cour du plus grand Empire du monde, de l'Empire des Assyriens ; & elle s'aggrandit au point d'avoir trois journées de chemin, selon l'histoire sacrée. Babylone fut la Cour des Princes Caldéens rivale de Ninive par ses cent portes de bronze, par ses murs de cinquante coudées de latitude, & de plus de deux cens de hauteur, par ses trois mille tours : Semiramis la bâtit; Nabuchodonosor l'avoit tellement aggrandie, qu'au rapport d'Aristote,

(100) ayant été saccagée à l'endroit par où l'on y étoit entré, une partie de la Ville demeura trois jours sans en sçavoir rien. Mais oublions les Cours des Empires qui sont à présent dans l'oubli.

Paris a merité d'être le Siége des Rois très-Chrétiens depuis plus de mille ans, à cause de la richesse de son terroir : Cette Ville la plus grande de la Chrétienté a plus de douze mille Villages sur dix lieuës de ses environs : Londres, Capitale en Angleterre ; à cause de l'amenité de sa campagne, & de la Tamise,

(100) On souscriroit au sentiment du Prince des Philosophes, s'il s'agissoit d'une affaire de raisonnement ; ou du moins on auroit recours par respect, à un *distinguo*. Mais sur le fait de la grandeur de Babylone Aristote credule est tombé dans l'erreur populaire des Grecs, dont l'imagination aggrandissoit tout. Les Espagnols sont un peu Grecs en ce point.

se, riviere navigable : Vienne en Allemagne, à cause de sa force & de sa fidelité : Stokolm en Suede pour son merveilleux lac, & pour l'utilité continuelle de son Port : Cracovie dans la Pologne, pour être divisée en trois autres, célébre par ses Académies, & forte par ses Châteaux : Moscou dans la Moscovie, pour la temperie du climat, où la peste n'a jamais pénétré, si peuplée, qu'elle entre dans le nombre des quatre fameuses Villes de l'Europe : Tauris en Perse, couronnée de jardins, arrosée de mille fontaines, rafraîchie par des zephirs salutaires, & fertile en tout genre de délices : Cambalu en Tartarie, d'un si grand commerce, qu'il y entre tous les ans mille chariots de soye de la Chine ; supérieure à toutes les autres Villes par la magnificence &

par la ſomptuoſité de ſon Palais : Sarmacande dans les Etats (101) des Mogols enrichie de toutes les dépoüilles de l'Aſie, & d'une telle grandeur qu'on y comptoit autrefois ſoixante mille chevaux pour le ſervice militaire : Fez en Barbarie, la plus belle Ville & la plus peuplée de l'Afrique, coupée par divers bras de ſon fleuve qui l'environne de tous côté ; ſource féconde en richeſſes & en ſciences. (102)

(101) Les Mogols ſont ſortis des Princes Tartares. Le fameux Tamerlan Tartare originaire de Sarmacande, ne pouvoit pas manquer dans faire ſa Ville Capitale, dans toute l'étenduë de ſes Etats. *En los Mogores*, dit le texte, ainſi que nous diſons, *les Eſpagnes*, pour marquer tous les États dépendans de l'Eſpagne.

(102) Fez le Paris & la Cour tout enſemble du Roy de Maroc eſt une Ville riche en effet ; pour ce qui eſt des ſciences qu'on y enſeigne, elles nous ſont trop étrangeres pour en parler. Depuis que les Terences pour les lettres profanes & les Auguſtins pour les lettres ſacrées ne ſont

Ferdinand abandonna à la bonne fortune de ses successeurs, le choix d'une Capitale: la Monarchie étant fixe, ils choisirent Madrit; parce qu'elle est le centre de l'Espagne, & que le territoire en est sain.

Aux entreprises hors de l'Espagne, qui ne furent pas les moins glorieuses, ce Monarque y présidoit, si non en personne, toujours par sa direction confiée à de fameux Capitaines, à de prudens Vicerois, à de sages Ambassadeurs formez de sa main, & qualifiez par son choix.

Un seul homme ne sçauroit remplir le grand emploi de regner; il le partage entre ses Ministres, qui sont comme autant de Rois après lui. Qu'importe

plus en Afrique; on n'y apprend & on n'y sçait apparemment que des sciences si propres du pays qu'elles sont inconnuës par tout ailleurs.

donc que le Prince soit parfait en lui-même, si ses substituts le décreditent? Stenon (103) II. de Suede étoit un Roy illustre; mais ses indignes Vicerois en firent un Prince obscur. Charles d'Anjou étoit un Prince aimable par ses qualitez personnelles, mais par l'iniquité de ses Ministres si odieux que le beau Royaume de Sicile lui fut enlevé dans

(103) Stenon II. de Suede avoit toutes les vertus morales & toutes les qualitez militaires. Mais sa condescendance pour ses mauvais conseillers irrita les Seigneurs Suedois; jusques-là qu'ils prétendirent que c'étoit un droit de la Nation de déposer ses Rois. Christien Roy de Dannemarc bien informé de ces broüilleries, déclara la guerre à Stenon. Pour abreger. Stenon dans une occasion décisive avoit la victoire de son côté, & conqueroit le Dannemarc, lorsqu'il fut blessé d'un coup d'épée dont il mourut trois jours après. Cet accident fit perdre courage à ses troupes fidelles, décida de la Couronne de Suede, & la mit sur la tête de l'indigne Christiern,

une soirée bien mémorable. (104)

Tout le mal ou tout le bien retombe sur la tête de l'Etat. Il s'est trouvé des Rois, en quelque sorte subordonnez qui n'avoient de leur chef aucun mérite, & qui par celui de leurs Ministres très habiles, ont été très renommez : Narcés & Belissaire, hommes de guerre, Theophile & Trebonien hommes de robbe ont immortalisé Justinien. Au contraire. Il y a eû des Princes éminens en mérite ; & malheureux par les Ministres de leur

(104) Jean *Procida* Seigneur de l'Isle de ce nom, avoit été dépoüillé comme un broüillon, des biens & des charges qu'il possedoit dans la Sicile. Pour se vanger de cette injure & de ses pertes, il ramassa de toute part de grandes sommes d'argent; il alla même pour cela jusqu'à Constantinople : Fureur Sicilienne. A son retour, déguisé en Moine, il se concilia toute la Sicile par ses dévotes largesses : & enfin il

Puissance. Certes, l'illustre (105) Marguerite mérita personnellement d'être Reine du Dannemarc, de la Norvege & de la Suede : mais ses Ministres ne furent pas dignes d'elle ; & elle perdit ces Royaumes. Il est triste que la haute réputation du Grand Charles (106) d'Espagne

vint à bout de lier la partie des *Vêpres Siciliennes*, trop connuës pour en dire autre chose que le nom.

(105) Marguerite, fille de Valdemar Roy de Dannemarc fut appellée à la Couronne de Suede par la Nation. Haquinus Roy de Norvege son mari lui legua en mourant, ses Etats : & après la mort de Valdemar, elle devint Reyne de Dannemarc. Quelques Historiens l'ont regardée comme une autre *Semiramis*. Elle battit & fit prisonnier Albert de Mekelbourg qui lui disputoit le trône de Suede. Dans la suite les Danois qu'elle affectionnoit comme ses sujets naturels lui donnerent des conseils pernicieux aux Suedois; elle suivit ces conseils; & elle y perdit la Couronne de Suede, qui fut donnée à Eric Duc de Poméranie.

(106) Il s'agit de la levée du Siége de Mets, qu'un bon Es-

tombe, non par ſa faute, il ne manqua en rien de ſon côté; mais par celle de ſes Miniſtres avides.

Un Roy d'une grande capacité eſt conſéquemment un Roy d'un grand choix. Dom Enrique III. de Caſtille, qui faiſoit gloire d'être un grand *Gouverneur*, & qui l'étoit en effet, eſtimoit infiniment les Miniſtres habiles, ſoit pour la guerre, ou ſoit pour l'adminiſtration de la finance; parce qu'il connoiſſoit l'importance de ces talens.

Philippe II. le Prudent (107)

pagnol rejette ſur l'avarice des Miniſtres de Charlequint, auquel ils ne fournirent pas aſſez les choſes néceſſaires ſelon lui, pour emporter enfin la place.

(107) Raprochons de ce caractere la *Maxime* V. intitulée: *Retenir toujours les gens dans la dépendance.*

„ Ce n'eſt pas le „ ſtatuaire qui fait les „ Dieux; c'eſt celui „ qui les prie. Un „ homme fin aime „ mieux qu'on ait be-

retenoit toujours ses Ministres dans une dépendance séduisante, en amusant par de petites fureurs leurs trop grandes prétentions : car c'est une science à part que de sçavoir ainsi les mener, les tourner, & les conserver.

Quelques-uns attribuent au

„ soin de lui, que de „ recevoir les derniers remerciemens. Compter sur „ la reconnoissance „ d'ames viles, c'est „ se fruster des assiduitez qu'attire l'espérance : l'objet de „ l'espérance est toujours présent, & „ celui de la reconnoissance se perd „ bientôt de vûë. A „ peine s'est-on désalteré que l'on „ tourne le dos à la „ fontaine : A peine „ a-t'on pressé l'orange qu'on la jette. „ Dès que la dépendance ne subsiste „ plus, la relation, & „ avec elle, la considération cesse. C'est „ un principe dans „ l'usage très important, d'entretenir „ & de ne remplir „ jamais le besoin „ que l'on a de nous ; „ & cela même à l'égard du Souverain. „ Ce principe, néanmoins ne doit pas „ aller jusques à nous „ taire pour laisser „ faire une fausse démarche, & à rendre „ le mal incurable „ pour notre avantage propre.

pur bonheur d'un Roy, d'avoir de bons Miniſtres; mais c'eſt, ou prudence dans lui de ſçavoir les choiſir bons, ou habileté de ſçavoir les rendre tels.

Un Roy ſage ne ſe contente pas en effet de les choiſir bons, il les façonne encore, il les forme, il les inſtruit. Il ne dépend pas du Prince qu'ils ſoient convenables; mais c'eſt à lui de ſçavoir s'ils le ſont.

Un Roy politique les tourne à la politique. Loüis XI. de France tranſmettoit ſon eſprit politique à des gens même d'une condition fort commune; parce qu'il les trouvoit plus maniables & plus dociles: il leur communiquoit ſon intelligence à découvrir, ſes réflexions pour prévenir, ſa dexterité pour négocier, ſon artifice à procéder.

Un Prince vaillant & nourri

aux armes les fait guerriers. La tente de Charlequint étoit comme une Académie de Capitaines insignes : il fit lui-même de grandes choses, & de plus grandes par eux : son bonheur extraordinaire les attachoit à sa personne & les accompagnoit.

Dom Jayme le *Batailleur* les fit braves : Charles le *Sage*, les fit sages : Enrique de Castille le *Gouverneur* les fit de grands gouverneurs : Ferdinand le *Saint* les fit gens de bien : Philippe le *Prudent* les fit prudens : Dom Jayme d'Aragon le *Justicier* les fit justiciers. Le *Grand Philippe* IV. d'Espagne, parce qu'il est grand en tout a eû pour Ministre l'Excellentissime Seigneur Dom Gaspar de Gusman, Comte, Duc d'Olivarés, éminent en tout, grand Ministre d'un grand Monarque : Géant à cent bras *pour faction*, avec un nombre *égal de qualitez de l'esprit pour la conduite*. Sans doute que la Providence avoit préparé les plus grands hommes pour les plus grands périls de cette Monarchie Catholique : la conspiration du monde entier contre elle n'a servi qu'à mettre mieux en jour pour l'Univers & pour les siécles futurs les qualitez héroïques du Monarque & (108) de son Ministre.

(108) Le Comte Duc d'Olivarés couvrit de grandes qualitez par de grands défauts. Une haute fierté dont il ne descendit jamais fut la cause de presque tous les malheurs de l'Etat ; si l'on en croit Marguerite de Savoye Vice-Reine de Portugal, & l'Ambassadeur de l'Empereur à la Cour d'Espagne ; ils firent disgracier le Comte-Duc, lequel n'eût pas assez de force d'ame pour survivre à sa disgrace. La verité est que Vasconcellos Secretaire du Ministre en étoit trop appuyé dans son indépendance à l'égard de la Vice-Reine, dans ses hauteurs à l'égard des Grands, & dans ses duretez à l'égard du peuple. V. l'Ab. de Vert. Revol. de Portugal.

Une chose qui aida beaucoup Ferdinand à être un Prince d'un bonheur & d'un mérite consommé ; ce fut d'avoir pour compagne Isabelle de Castille, Reine que l'on ne sçauroit assez loüer, Princesse dont les qualitez rares surpasserent celles qui suffisent pour être un grand homme.

Une femme prudente fait beaucoup de bien, comme au contraire une imprudente fait beaucoup de mal. Le respect pour une mere, & l'amour pour une épouse ont un grand pouvoir sur les Princes. La sage & (109) prudente Mesa tant qu'elle vêcut, sçut couvrir, si non empêcher les actions monstrueuses d'Heliogabale son petit-fils. La sainte Impératrice Heléne

(109) Frederic eût d'abord une conduite assez tranquille; mais dans la suite il eut de fâcheux démêlez avec les Papes.

régénéra pour le Christianisme & pour toute sorte de vertus le grand Empereur Constantin. Frederic Empereur fut tout autre, tandis que vêcut sa vertueuse mere. Une grande partie de l'héroïque sainteté de Loüis IX. est dûë aux instructions de Blanche de Castille son illustre mere. La sainte Aragonoise *Elisabeth* Reine de Portugal fut un oracle de vertu & de paix entre le Roy Dom Denis son époux, appellé le *Fabricateur*, & le Prince Alonse appellé le *Brave*, son fils: Sa pieté & sa religion supérieures à la vertu militaire de l'un & de l'autre désarmerent les escadrons (110) du pere contre le

(110) Le texte porte: *Cruzes contra Cruzes, y Quinas que amenazaran Quinas*: C'est-à-dire: *Ecussons contre Ecussons, & Etendarts contre Etendarts*, ainsi qu'il est dit dans la Pharsale.

Fit voir Aigle contre Aigle, & Rome contre Rome.

fils, & ceux du fils contre le pere. Notre inestimable Reine Marguerite d'Autriche, richesse la plus grande de l'Espagne, Princesse pieuse, dont la mémoire subsiste toujours par de continuels regrets, rendit plus vertueux son Royal époux, & fournit au monde une succession d'appuis de la foy, de colomnes de la Religion, & de lumieres du Christianisme.

Heureux le Prince à qui une sage & sainte mere donne une seconde fois le jour, en lui inspirant la vertu, en l'y formant, en l'y perfectionnant sans cesse.

Cependant l'amour conjugal, quand il est parfait, a plus d'empire communément sur le cœur

Quinas signifie les armes de Portugal qu'Enrique laissa à ses successeurs, en mémoire de sa victoire sur cinq Rois Maures ausquels il prit cinq étendarts, &c. V. *Corruvias*.

d'un Prince que n'en a l'amour respectueux pour une mere. Plusieurs Reines ont illustré leurs Rois ; & plusieurs leur ont été préjudiciables. Cette alternative s'est vûë dans le Roy Dom Jayme I. d'Aragon, dont la premiere (111) femme le rendit aimable à ses sujets, & la seconde l'en fit détester.

Les passions dominent ordinairement dans le sexe à un point qu'il n'y a plus lieu au conseil, à la prudence, à l'attente ; dispositions essentielles pour le gouvernement. Et le malheur est que la tyrannie des passions croît avec la Puissance. Mais une femme, par la réforme de

(111) La premiere femme de Dom Jayme ou Jacques dit le *Guerrier*, fut Eleonore sœur de Ferdinand Roy de Castille : *Jayme* avec dispense du Pape la répudia aprés dix ans de mariage : puis il épousa Yolant fille d'*André* Roy de Hongrie,

ſon naturel, devenuë prudente, l'eſt au ſouverain degré : c'eſt l'ordinaire que les femmes qui ne ſont point femmes, ſoient três prudentes.

Qu'un Prince aſſuré du bon eſprit de ſa compagne, la faſſe regner avec lui ; mais toujours avec reſerve. Le grand Roy Dom Ramire I. de Caſtille en valoit deux, aidé du conſeil & du courage d'Urraque ſa femme : Le Roy Dom Juan II. d'Aragon en valoit encore davantage avec la Reine Dona Juana ; ils partageoient entre eux les ſoins en telle ſorte, que le Roy conduiſoit les armées dans un Royaume, & que dans un autre la Reine y tenoit les Etats ; ſemblable à l'Aſtre de la nuit, dont la lumiere ſupplée aux abſences du Soleil.

Le conſeil d'une femme eſt bornée,

bornée, mais il est bon : Dom Juan dernier Roy de Navarre se perdit pour n'avoir pas suivi celui de la Reine ; il devoit se maintenir Roy par (112) le conseil de celle qui l'avoit fait Roy.

Il est bon qu'un Prince conserve sa dignité à l'égard de tous; mais il faut qu'il cede à la raison à l'égard de tous, & plus encore à l'égard d'une Reine sage, & vertueuse.

Une sœur qui a de la prudence, de la sagesse & de la sagacité, peut remplacer pour le Gouvernement une mere, ou une épouse. Telle (113) fut l'illustre

(112) Quel conseil la Reine Catherine de Foix pût-elle donner à son mari? De prendre parti contre la France? Jean d'Albret ne le devoit pas. D'ailleurs l'invasion de la Navarre se fit par surprise, & avec une précipitation qui ne laissa le temps à aucunes mesures.

(113) Dès que l'on eût tiré le jeune Roy Henri des mains de Brangere, ce ne furent plus que trou-

Reine de Leon Dona Berenguela sœur de Dom Enrique I. Roy de Castille, dont le Royaume fut tranquille ; tant que la sœur aida le frere. Les Matrones en Espagne ont toujours été de pair avec les hommes de tête: & dans la Maison d'Autriche, estimées elles ont toujours eû part au Gouvernement.

La Reine Catholique Isabelle fut par dessus toutes une Princesse rare & singuliere. Sa capacité fut si grande qu'à côté de celle d'un très grand Roy, elle put non seulement se connoître, mais encore se distinguer : Elle l'a montra d'abord cette capacité par le choix qu'elle fit de Ferdinand, & ensuite par son estime pour le même choix : Ils suffisoient séparément

bles, que divisions, que guerres dans le Royaume.

pour faire un siécle d'or, un Regne le plus heureux : que ne fit pas leur union ?

Ferdinand parvint, où peu d'autres que lui sont arrivez, à la perfection de la politique ; à faire que la Monarchie dépendît de lui, tellement qu'elle ne pût s'en passer ; & que lui n'eût pas besoin d'elle : Ceux mêmes qui lui furent quelquetemps contraires avec ingratitude lui firent instance avec prieres : ils le rechercherent offensé, mais prudent ; & ils estimerent un plus grand mal, que ses qualitez éminentes pour le Gouvernement leur manquassent, que de se soumettre à sa sagesse justement indignée. (114)

(114) C'est du retour de Ferdinand en Castille, que parle Gracien. Ce retour desiré par les Castillans même est l'éloge du Roy Catholique, le moins flatté ; & il est en même temps le plus flatteur pour la

Cette gloire a été reservée à un petit nombre de Princes : la plufpart ont été déteftez, plutôt que défirez & regrettez. Dom Sanche III. en Caftille mérita le furnom de ces derniers ; quoique ce fut moins par une ancienne expérience, que par l'efpérance que l'on avoit conçûë de lui avec raifon. Titus ne parvint pas à remplir les fix bonnes années & très bonnes de Neron. Quelques-uns ont été enlevez de ce monde avant que la méchanceté changeât leur bon efprit.

La varieté eft la mere du contentement, ou pour le moins du foulagement : & le changement de maître plaît toujours, fans

Nation qui le follicita. Les Caftillans ne pouvoient porter plus loin leur eftime pour Ferdinand & leur amour pour la gloire de leur patrie.

ſonger que les inconveniens de celui qui finit, ſe changent ordinairement en d'autres d'une differente eſpece dans celui qui commence.

Ferdinand fut le ſeul privilegié dans cet uſage général : Phénix du Gouvernement lequel reprit naiſſance en lui, avec la gloire d'être unique. Il reparut en Caſtille accompagné de ſa renommée qui lui tint lieu de tout triomphe : alors un grand politique ne pût s'empêcher de dire avec exaggeration : Si par malheur la Monarchie venoit à tomber en décadence, l'unique moyen de la rétablir, ce ſeroit que le Roy Catholique reſſuſcitât, & recommençât de nouveau ſon ouvrage.

La Monarchie étant fondée, aſſurée, aggrandie, Ferdinand fut attentif à la perfectionner en toute maniere, à l'orner, à l'embellir, à lui donner toutes les formes du Gouvernement le mieux policé.

Romulus fonda la République Romaine; mais soit par (115) un retour vengeur de son Fratricide, soit par une récompense frauduleuse du Sénat, le temps de la perfectionner lui manqua; Ce soin fut remis à ceux qui viendroient après lui. Ce n'est pas une des moins importantes regles de la politique, de laisser un successeur glorieusement occupé, de lui laisser quelque en-

(115) Romulus, dit la Fable, fut tué d'un coup de tonnerre : Telle fut la *vengeance des Dieux pour son Fratricide.* Romulus, dit l'histoire, fut assassiné par les Sénateurs assemblez, qui répandirent le faux bruit que pour ses vertus héroïques, il avoit été tout-à-coup transporté parmi les Immortels: Tel fut *la récompense frauduleuse* qu'il reçut du Sénat. Voilà l'un & l'autre sens du Texte.

treprise héroique. Ainsi Soliman jeune Prince peu experimenté s'évertua par la rebellion de Gazelle (116) & des Mammelus: de doux agneau qu'il étoit au commencement de son Regne, il se transforma en un lion furieux dans la guerre,

A Romulus succeda Numa, lequel introduisit la Religion, quoique fausse, comme la base de tout Gouvernement. Il inventa des Dieux, un culte, des Prêtres, & des Sacrifices. Tullus Hostilius lui succeda, & donna une forme à la milice, ajoutant la discipline à la valeur. Après Tullus, Ancus embellit la Ville d'édifices, de murailles, de Ponts; & fonda des Colonies.

(116) Gazelle Prince d'Apamée en Syrie; grand Capitaine, qui entreprit de relever la puissance abbatuë des Mammelus. Il fut tué dans une bataille près de Damas.

Après lui, Priscus illustra la Majesté Royale, & la dignité des Magistrats par des Loix, & par des distinctions marquées. Enfin Servius établit des revenus de la République, des impôts des octrois. Ces droits moderez sont comme les nerfs de l'Etat, & excessifs, ils en sont la ruine. C'est ainsi que Romulus commence la Monarchie, & que les autres l'accroissent, & la perfectionnent.

Tout ce que ces Rois firent pour la Monarchie Romaine, Ferdinand seul le fit pour celle d'Espagne : Il la rendit religieuse, en la purgeant de l'hérésie, & de l'idolâtrie : Il la rendit guerriere en commettant le grand courage des Espagnols avec les Nations étrangeres, frappées d'un soudain effroi de sa puissance : Il la rendit majestueuse,

tueuſe, en relevant l'autorité Royale, auparavant mépriſée, & même conteſtée: Il la rendit riche, non point par des tributs; mais par ſes flottes; intariſſables ſources d'or, ſources d'argent, ſources de perles, de toute ſorte de richeſſes qui viennent chaque année des Indes: Il la rendit ſçavante en y attirant des hommes habiles dans les Lettres divines, & dans les Lettres humaines: Enfin, il la rendit heureuſe en tout genre de bien, honnête, utile, agréable. C'étoit donc avec beaucoup de raiſon, que le prudent Philippe, pour honorer le portrait de Ferdinand ajoutoit toujours ces paroles: *C'eſt à lui que nous devons tout.*

Au reſte, quoique les actions de ce grand Prince fuſſent aſſez connuës, & irreprochables, peu ſatisfait ſur cela de ſon témoignage interieur, & de l'approbation publique; il avoit coutume d'examiner encore lui-même le Roy dans sa personne; il avoit coutume de se deposer de sa dignité pour se mettre à la place d'un Juge severe à son égard.

S'il est difficile à tout particulier de se connoître; combien le sera-t'il à un Roy? Se connoître par soi-même, c'est ce que l'amour propre ne permet point: se connoître par les autres, c'est à quoi leur adulation extrême est un obstacle insurmontable. Un Roy n'a point de miroir qui le représente à lui-même, mais que son industrie lui en serve, s'il est sage.

Germanicus, remarque Tacite, deguisoit en lui la personne de Prince, & travesti il alloit par les rangs de ses Soldats, pour lors sans passion, à la découverte de la verité; quelquefois il entendoit des éloges de lui, & il en joüissoit; d'autres fois il entendoit le contraire, & il se desabusoit.

Charlequint usoit de la même adresse; espion de sa réputation, pour le dire ainsi, il observoit les sentimens de ses sujets, dans ces rencontres où l'on s'entretient de tout en pleine liberté. Ni la haine, ni la flatterie ne sont de fideles miroirs; elles défigurent également la verité, selon les occurrences; l'une des vertus en fait des vices; & l'autre des vices en fait des vertus.

François I. de France s'étant égaré à la chasse, déja grand Roy pourlors, passa la nuit dans une cabane de paisans; & au milieu de leurs discours naifs, la lumiere de la verité se montra à lui. Depuis cette avanture François, le plus loyal des Princes repetoit volontiers ces paroles: En m'égarant je me suis trouvé, & j'ai changé d'erremens.

De quelques personnes simples & de peu de sens, plusieurs Princes très sages en ont fait des oracles de la verité pour eux; car il n'y a que ces gens-là qui la disent; ils rapportent avec naïveté, ce que l'on a dit en leur présence sans discretion. Ferdinand emploioit ce moyen, comme un chef-d'œuvre de sa politique la plus délicate sur ce point.

Ce Monarque mourut à la soixante & quatriéme année de son âge precieux, & à la quarantiéme de son heureux regne. Grand bonheur pour une Monarchie que ses Rois terminent âgez leur carriere, & ne la commencent pas enfans. Il vécut peu par rapport à la felicité des Espaghols ; & vivra éternellement par leurs regrets. Le jour que Ferdinand & Charles son illustre successeur moururent, toute la Chretienté fut dans la tristesse ; & tout le Paganisme dans la joye. Il en arriva autrement, lors que moururent Selim & son fils.

Ferdinand neanmoins ne mourut pas ; car les hommes illustres ne meurent point. La Renommée n'admet point de milieu pour les Rois, & donne toujours dans l'une ou dans l'autre extremité : elle les fait connoître à la posterité, ou comme trés bons, ou bien comme trés mauvais ; tels qu'ils furent.

Les uns ont eté des prodiges de vertus ; les autres, des monstres d'horreurs : Les uns ont eté les bases de la Monarchie pour l'élever ; les autres des pierres d'achopement pour la bouleverser ; Rois scandaleux, infames, exécrables, dont la mémoire odieuse va s'éternisant sur le bronze de la tradition : les uns ont fini avec la Monarchie, comme Constantinule avec celle de la Gréce : Les autres ont fini avec la race dont ils étoient, comme Childeric avec celle de Clovis ; d'autres avec la Religion, comme Henry VIII. d'Angleterre.

Le Royaume d'Israël commença à décliner par l'imprudence de Roboam ; l'Empire Romain, par la foiblesse de Galien ; l'Empire Grec par l'inattention de Calo-jan. (117) La

(117) Jean Comnène le plus beau Prince de son temps, fut appellé pour cette raison, *Calo-jan* ; dénomination Grec-

Monarchie des Assyriens perit sous Sardanapale par ses debauches ; sous Astiages, celle des Medes par sa tyrannie : celle des Perses sous Darius par sa mollesse ; celle des Goths sous Rodrigue par sa luxure : celle des Grecs sous Constantinule par son incapacité.

Dureront à jamais la duplicité de Tibere, l'iniquité de Caligu-

que ; laquelle signifie *Beau-Jean*. Dans les commencemens de son regne il remporta de grandes victoires sur les Barbares, sur les Scythes, sur les Huns, sur les Sarasins, sur les Turcs mêmes ; son ardeur martiale se refroidit peu à peu, quoiqu'il gouverna toujours assez bien. Dans cette situation d'un Empire qui causa toujours de la jalousie aux belliqueux Ottomans, Calo-jan, de guerrier devenu chasseur, faute d'attention, se blessa à la main avec une flêche empoisonnée. Il mourut de cette blessure, sans penser à se donner un successeur qui fût digne de lui : inattention qui fut comme une pierre d'achopement pour faire tomber l'Empire Grec.

la, la ſtupidité de Claudius, la tyrannie de Neron, la luxure d'Heliogabale, l'inſenſibilité de Galien, l'imbecillité de Charles de France, la cruauté de Pedre de Caſtille, la lâcheté de Sanche de Portugal, l'exécration d'Henry IV de Suede, l'infamie de Mauregat, l'entêtement de Frederic, l'aveuglement d'Henry VIII. Tout Monarque devroit ſans ceſſe trembler d'avoir un jour ſa place dans une liſte ſi ignominieuſe. (118)

(118) Les Hiſtoriens & les Poëtes rendent éternelle l'ignominie des mauvais Princes : ſi la crainte en ſuſpend quelque temps le récit & la cenſure, on ſe dédommage bien après cela de ce ſilence forcé. Tite-Live, Tacite, Juvenal, Martial, &c. parlent & ſeront entendus de la poſterité la plus éloignée. Le reproche énergique du ſucceſſeur d'Horace, ne ſera dans l'oubli des hommes, que lorſque les hommes eux-mêmes ne ſeront plus.

„ *Sævitr armis*
„ *Luxuria incubuit*,

La Renommée érige aussi comme un Theatre de gloire, lequel est distribué en divers rangs, selon la diversité d'heroïsme. Ferdinand se trouve dans tous ces mêmes rangs avec un applaudissement universel : dans le rang des Princes d'une pieté insigne il y est avec Theodose, Enrique, Othon, & Rodolphe, premiers du nom ; avec les deux Ferdinands I. & II. Empereurs ; avec Reccarede, Bamba, Pelage, Dom Ferdinand, & Philippe III. d'Espagne ; avec Clovis, Charlemagne, & Loüis IX. de France ; avec Etienne I. de Hongrie,

victumque ulciscitur orbem.

Le Satyrique parle des Empereurs Romains, de ces vainqueurs du monde, vaincus à leur tour par la mollesse, & par les plaisirs. „ La „ volupté, fleau plus „ terrible que la guer- „ re vange l'Univers „ vaincu.

Henry I. de Suede, Olaüs I. de Norvege, & Casimire de Pologne.

Au rang des Princes valeureux Ferdinand y est avec Jule Cesar, Dom Jayme le Conquerant, Tamerlan, Cingis, Mahomet second, Charlequint, Selim le Brave, Soliman, & Henry IV. de France : dans celui des Princes surnommez Grands, avec Alexandre, Constantin, Charlemagne, Alphonse III. Philippe IV. d'Espagne. Au rang des sages, avec Ismaël Sophi, Charles V. de France, Albert d'Autriche, & Dom Sanche IV. de Navarre : Au rang des Politiques, avec Loüis XI. de France, Etienne Batori de Pologne, Mathias Corvin de Hongrie : Dans celui des Princes Prudens, avec Justinien Empereur, Maximilien I. Guftave I. de Suede, & Philippe II. d'Espagne : Dans celui des Magnanimes, avec Ninus I. d'Assyrie, Xerxés I. de Perse, Auguste, & Dom Alonse de Naples : Au rang des Princes aimez, avec Hispan qui donna à l'Espagne son nom, avec Titus appellé les délices du genre humain, Othon III. nommé la merveille du monde, & Dom Sanche le *Desiré* : Dans celui des heureux, avec Numa Pompilius, Philippe de Macédoine, Antonin, & Dom Manuel de Portugal : Au rang des Princes *Justiciers*, avec Artaxerxés, qui fit recevoir à son Capitaine des Gardes le salaire de (119) sa sé-

(119) Artaban ayant tué Xerxés son Souverain, accusa de cet attentat Darius frere de *Longuemain* successeur de Xerxés, & apporta des preuves du fait très séduisantes. Longuemain donna dans le piége, & tua de sa propre main Darius

duction. Avec Antiochus, qui reforma toutes les injustices de l'Empire ; avec Seleucus qui aima plus la justice que ses propres yeux ; avec l'Empereur Aurélien qui châtioit les traîtres, & Nerva les ingrats ; avec Dom Jayme d'Arragon dit le *Justicier*, & Dom Alphonse XI. de Castille le *Perquisiteur*. Enfin, il n'est point de rang au Temple de mémoire que n'ait rempli

le pretendu meurtrier de son pere. Artaban fut ensuite reconnu pour auteur de l'attentat commis en la personne de Xerxés ; & conséquemment pour auteur aussi de la mort de l'innocent Darius. Longuemain au désespoir d'avoir été trompé d'une maniére si cruelle, résolut de vanger la mort de son pere & celle de son frere dans le sang du barbare imposteur. Pour cela, Longuemain ordonna une revûë de ses troupes, où Artaban ne pouvoit pas manquer de se trouver : alors le Prince faisant semblant que sa cuirasse trop pesante l'incommodoit, demanda à Artaban la sienne, qu'il eût à peine ôtée qu'Artaxerxés le tua. V. Just.

Ferdinand, Roy Catholique, valeureux, Grand, Politique, Prudent, Sage, Aimé, Defenseur de la Justice, Heureux, Heros Universel.

Excellentissime Duc, la plus grande gloire des Carafes, & ma Couronne immortelle : voilà une ébauche grossiere du plus parfait modelle des Monarques ; C'est dans la ligne masculine le dernier des Goths ; mais le premier du monde par ses qualitez. La plus mémorable de ses actions parmi tant d'autres, ce fut le choix qu'il fit de la Très Catholique Maison d'Autriche ; ou plutôt, ce fut d'avoir suivi le choix qu'une sagesse superieure, que la sagesse divine en avoit fait pour lui.

Maison d'Autriche que le Seigneur a élevée ; afin qu'elle relevât son Eglise, en terminant les brouilleries aussi anciennes que cruelles entre les Frederics Empereurs & les saints Pontifes, dont l'union mutuelle commença sous l'Empereur Rodolphe d'Autriche. Depuis qu'elle regne, cette Maison, l'Eglise du Seigneur n'éprouve plus, ne connoît plus le Schisme. Maison qui ramena d'Avignon au Trône de Rome les Souverains Pontifes, & qui en maintient l'autorité suprême. Maison que Dieu a suscitée pour servir à la Chrétienté de rempart contre la Puissance Ottomane. Maison que Dieu a renduë forte, pour être *le Marteau* des héréfies en Bohême, en Hongrie, en Allemagne, &c. Maison que le Ciel a formée pour être une source feconde en Saints, en Empereurs, en Imperatrices, en Rois, en Reines, en Archiducs ; Maison que Dieu a répandue dans tout l'Univers pour y étendre sa sainte Foy & son Evangilse. Maison que Dieu a choisie dans la Loy de grace, comme celle d'Abraham dans la Loy écrite ; afin que l'on appellât le *Dieu* de Rodolphe, le *Dieu* de Philippe, le *Dieu* de Ferdinand. C'est cette Maison que le Roy Catholique & sage laissa pour auguste héritiere de son zele & de sa Puissance, pour conserver la sagesse de son Gouvernement, pour pousser encore plus loin les limites de sa Monarchie heureuse, que le Ciel rende universelle.

FIN.

APPROBATION.

J'Ai lû par l'ordre de Monseigneur le Garde des Sceaux un Manuscrit intitulé : *Le Politique Dom Ferdinand le Catholique*, [illegible] de l'Espagnol de Balthazar Gracian ; & j'ai cru que cet [illegible] traduction qui m'a [illegible] fidele, seroit aussi fort agréable au Public. A Paris le 10. Avril 1731.

SOUCHAY.

PRIVILEGE DU ROY.

LOUIS par la Grace de Dieu, Roy de France & de Navarre : A nos amez & feaux Conseillers les Gens tenans nos Cours de Parlement, Maîtres des Requêtes ordinaires de notre Hotel, Grand Conseil, Prevôt de

APPROBATION.

J'Ai lû par l'ordre de Monſeigneur le Garde des Sceaux, un Manuſcrit intitulé : *Le Politique Dom Ferdinand le Catholique, traduit de l'Eſpagnol de Baltaſar Gracien*, & j'ai crû que cette nouvelle Traduction qui m'a paru très fidele, ſeroit auſſi fort agréable au Public. A Paris le 10. Avril 1731.

SOUCHAY.

PRIVILEGE DU ROY.

LOUIS par la Grace de Dieu, Roy de France & de Navarre : A nos amez & feaux Conſeillers les Gens tenans nos Cours de Parlement, Maîtres des Requêtes ordinaires de notre Hotel, Grand Conſeil, Prevôt de

Paris, Baillifs, Sénéchaux, leurs Lieutenans Civils ou autres nos Justiciers qu'il appartiendra, Salut. Notre bien amé JACQUES ROLLIN fils, Libraire à Paris, Nous ayant fait supplier de lui accorder nos Lettres de Permission pour l'impression d'un Manuscrit qui a pour Titre : *Le Politique Dom Ferdinand le Catholique*, traduit *de l'Espagnol de Baltasar Gracien*, offrant pour cet effet de le faire imprimer en bon papier & beaux caracteres, suivant la feuille imprimée & attachée pour modele sous le contre-scel des Presentes : Nous lui avons permis & permettons par ces Presentes de faire imprimer ledit Ouvrage cy-dessus specifié, conjointement ou séparément, & autant de fois que bon lui semblera, & de le vendre, faire vendre & débiter par tout notre Royaume, pendant le temps de trois années consécutives, à compter du jour de la date desdites Presentes. Faisons défenses à tous Libraires, Imprimeurs & autres personnes de quelque qualité & condition qu'elles soient, d'en introduire d'Impression étrangere dans aucun lieu de notre obéissance : A la charge que ces Presentes seront enregistrées tout au long sur le Registre de la Communauté des Imprimeurs & Libraires de Paris dans trois mois de la date d'icelles; que l'impression de ce Livre sera faite dans notre Royaume & non ailleurs, & que l'Impetrant se conformera en tout aux Reglemens de la Librairie, & notamment à celui du 10. Avril 1725. Et qu'avant que de l'exposer en vente, le manuscrit ou imprimé qui aura servi de copie à l'impression dudit Livre sera remis dans le même état où l'approbation y aura été donnée ès mains de notre très cher & feal Chevalier Garde des Sceaux de France le sieur Chauvelin, & qu'il en sera ensuite remis deux Exemplaires de chacun dans notre Bibliotheque publique, un dans celle de notre Château du Louvre, & un dans celle de notredit très cher & feal Chevalier Garde des Sceaux de France le sieur Chauvelin, le tout à peine de nullité des Presentes: Du contenu desquelles vous mandons & enjoignons de faire jouir l'Exposant ou ses ayans cause pleinement & paisiblement, sans souffrir qu'il leur soit fait aucun trouble ou empêchemens. Voulons qu'à la copie desdites Presentes qui sera imprimée tout au long au commencement ou à la fin dudit Livre, foy soit ajoutée comme à l'Original. Commandons au premier notre Huissier ou Sergent de faire pour l'exécution d'icelles tous Actes requis & nécessaires, sans demander autre permission, & nonobstant clameur de Haro, Chartre Normande & Lettres à ce contraires. Car tel est notre plaisir. Donné à Paris le douziéme jour du mois de Septembre, l'an de grace mil sept cens trente-un, & de notre Regne le dix-septiéme. Par le Roy en son Conseil,

SAINSON.

De l'Imprimerie de MONTALANT.

qui sera imprimée tout au long au commencement ou à la fin dudit Livre, luy soit adjoutée comme à l'Original. Commandons au premier notre Huissier ou Sergent de faire pour l'exécution d'icelles tous Actes requis & nécessaires, sans demander autre permission, & nonobstant clameur de Haro, Chartre Normande, & Lettres à ce contraires. Car tel est nostre plaisir. Donné à Paris le [illegible] jour du mois de Septembre l'an de grace mil sept cens trente [illegible], & de nostre Regne le dix-septiéme. Par le Roy en son Conseil,

SAINSON.

De l'Imprimerie de MONTALANT.

Paris, Baillifs, Sénéchaux, leurs Lieutenans Civils ou autres nos Justiciers qu'il appartiendra, Salut. Notre bien amé JACQUES ROLLIN fils, Libraire à Paris, Nous ayant fait supplier de lui accorder nos Lettres de Permission pour l'impression d'un Manuscrit qui a pour Titre: *Le Politique Dom Ferdinand le Catholique*, traduit de l'Espagnol de *Baltasar Gracian*, offrant pour cet effet de le faire imprimer en bon papier & beaux caractéres, suivant la feuille imprimée & attachée pour modéle sous le contre-scel des Presentes: Nous lui avons permis & permettons par ces Presentes de faire imprimer ledit Ouvrage cy-dessus specifié, conjointement ou separément, & autant de fois que bon lui semblera, & de le vendre, faire vendre, & débiter par tout notre Royaume, pendant le temps de trois années consécutives, à compter du jour de la date desdites Presentes. Faisons défenses à tous Libraires, Imprimeurs & autres personnes de quelque qualité & condition qu'elles soient, d'en introduire d'impression étrangere dans aucun lieu de notre obéissance: A la charge que ces Presentes seront enregistrées tout au long sur le Registre de la Communauté des Imprimeurs & Libraires de Paris dans trois mois de la date d'icelles; que l'impression de ce Livre sera faite dans notre Royaume & non ailleurs, & que l'Impetrant se conformera en tout aux Reglemens de la Librairie, & notamment à celui du 10. Avril 1725. & qu'avant que de l'exposer en vente, le manuscrit ou imprimé qui aura servi de copie à l'impression dudit Livre, sera remis dans le même état où l'Approbation y aura été donnée, ès mains de notre très-cher & féal Chevalier Garde des Sceaux de France le sieur Chauvelin; & qu'il en sera ensuite remis deux Exemplaires dans chacun dans notre Bibliotheque publique, un dans celle de notre Château du Louvre, & un dans celle de notre très-cher & féal Chevalier Garde des Sceaux de France le sieur Chauvelin, le tout à peine de nullité des Présentes. Du contenu desquelles vous mandons & enjoignons de faire jouir l'Exposant ou ses ayans cause pleinement & paisiblement, sans souffrir qu'il leur soit fait aucun trouble ou empêchement. Voulons qu'à la copie desdites Présen-

www.ingramcontent.com/pod-product-compliance
Ingram Content Group UK Ltd.
Pitfield, Milton Keynes, MK11 3LW, UK
UKHW012027240726
13965UKWH00002B/621

9 782012 891982